T0169798

QU'EST-CE QUE PROBLÉMATISER ?

COMITE EDITORIAL

Christian BERNER

Stephane CHAUVIER

Paul CLAVIER

Paul MATHIAS

Roger POUIVET

CHEMINS PHILOSOPHIQUES

Collection dirigée par Roger POUIVET

Michel FABRE

QU'EST-CE QUE PROBLÉMATISER ?

PARIS

LIBRAIRIE PHILOSOPHIQUE J. VRIN

6 place de la Sorbonne, V e

2017

J. Dewey, « Logic. The Theory of Enquiry » (1938) in J-A Boydston (ed.),
The Later Works (1925-1953), Volume 12, 1990, Chapter 7, p. 123-125
© 1986 by Southern Illinois University Press. Translated with kind
permission

En application du Code de la Propriété Intellectuelle et notamment
de ses articles L. 122-4, L. 122-5 et L. 335-2, toute représentation
ou reproduction intégrale ou partielle faite sans le consentement de
l'auteur ou de ses ayants droit ou ayants cause est illicite. Une telle
représentation ou reproduction constituerait un délit de contrefaçon,
puni de deux ans d'emprisonnement et de 150 000 euros d'amende.

Ne sont autorisées que les copies ou reproductions strictement
réservées à l'usage privé du copiste et non destinées à une utilisation
collective, ainsi que les analyses et courtes citations, sous réserve que
soient indiqués clairement le nom de l'auteur et la source.

© *Librairie Philosophique J. VRIN*, 2017
Imprimé en France
ISSN 1762-7184
ISBN 978-2-7116-2700-4
www.vrin.fr

POUR UNE THÉORIE
DE LA PROBLÉMATISATION

Définitions

Tout étudiant s'est vu recommander de « problématiser » sa dissertation ou son mémoire de recherche et sans doute a subi, un jour ou l'autre, le reproche de ne pas l'avoir fait. La problématisation est toutefois un processus très général qui n'est pas cantonné à l'enseignement ou à la recherche. Lorsque Jules Verne raconte le lancement d'un boulet autour de la Lune, il met en scène toutes les dimensions d'une véritable problématisation. Il en est de même lorsque Conan Doyle nous relate les enquêtes de Sherlock Holmes. Et par ailleurs Dewey nous dit que problématisent aussi bien le médecin qui fait son diagnostic que le promeneur égaré qui cherche son chemin ou encore l'enfant qui se demande pourquoi des bulles successivement sortent et entrent dans les verres qu'on vient d'extraire de la savonnée chaude [1]. Comment penser un phénomène susceptible de revêtir des aspects aussi divers ? Que signifie au juste « problématiser » ?

Les notions de « problème », de « problématique » et plus récemment de « problématisation », appartiennent à l'histoire de la philosophie, à celle des sciences ou des

---

1. J. Dewey, *Comment nous pensons* (1910), trad. fr. O. Decroly, Paris, Les empêcheurs de penser en rond-le Seuil, 2004.

techniques et à celle des didactiques. Mais l'inflation du vocabulaire du problème fait que tout le monde aujourd'hui prétend problématiser. Pourtant, il ne suffit pas de questionner pour le faire. On s'en remet volontiers à l'étonnement, mais la violence de l'insolite, selon le cas, éveille ou sidère. Nul autre que Spinoza n'a fustigé avec plus de force l'étonnement naïf qui n'en finit pas d'égrener ses pourquoi sans pouvoir les stabiliser[1]. Toute la question est donc de savoir comment l'étonnement peut devenir pensée. Comment passer de la question à la problématisation ?

Il importe de commencer par quelques définitions et distinctions rigoureuses.

Problème

En grec *Problema* signifie la pierre d'achoppement qui gît sur le chemin et empêche d'avancer et par extension l'obstacle qui bloque la pensée. Cet obstacle peut prendre plusieurs formes : ce peut être une énigme comme dans les enquêtes policières ou scientifiques, une controverse quand des avis compétents s'opposent sur une question, ou encore une tâche difficile à accomplir[2]. Quelles sont les caractéristiques de l'idée de problème ?

1) Elle est d'abord liée à celle d'intentionnalité et de projet. Il n'y a problème que pour qui se donne un but à atteindre : ce qui exclut les activités que n'oriente pas de finalité précise. Dans la problématisation, le sujet perçoit

---

1. B. Spinoza, *Éthique* (1677), Livre I, proposition XXXVI, appendice, Paris, Gallimard, 1954.
2. Le terme d'obstacle est pris ici au sens courant, à distinguer rigoureusement de son sens bachelardien dont nous parlerons ultérieurement.

un état initial insatisfaisant, il se représente un état final plus satisfaisant, il se donne cet état pour but.

2) Il y a problème lorsqu'une tâche demande réflexion pour s'exécuter ou lorsqu'on ne peut répondre immédiatement à une question, mais que cette exécution ou cette réponse exigent une recherche plus ou moins longue en mémoire et quelquefois même un acte d'invention. On oppose ainsi le problème aux situations qui n'exigent que des routines pour être accomplies, en désignant par là, de manière non péjorative, des automatismes que le sujet a montés au cours de son expérience. Un problème manifeste ainsi une discontinuité dans l'expérience du sujet. Traiter le problème, c'est tenter de renouer un lien entre le présent (l'évènement), le futur (l'état meilleur), sur la base du passé (ce que je sais, ce que je suis déjà). Un problème se distingue ainsi d'une activité d'exécution pour laquelle le sujet dispose déjà de procédures toutes faites. Il exclut également l'apprentissage incident, par ouï-dire ou lecture d'un mode d'emploi. Problématiser c'est donc élaborer une procédure, une stratégie, inventer[1].

3) On comprend que ce qui fait problème pour l'un peut ne pas le faire pour d'autres. La capacité à résoudre des problèmes dans tel ou tel secteur d'activité est liée à la compétence, voire à l'expertise. Un problème se définit objectivement par la description de la tâche et subjectivement en fonction de l'interaction entre un sujet et cette tâche. Cette interaction compose une situation[2]. Dans les *Règles pour la direction de l'esprit*, Descartes caractérisait le problème (comme tâche) par

1. J.-M. Hoc, *Psychologie cognitive de la planification*, Grenoble, P.U.G, 1992.
2. J.-F. Richard, *Les activités mentales*, Paris, A Colin, 1990.

l'existence d'une inconnue, de données et de conditions reliant ces données entre elles. Si l'on demande ce qu'on peut inférer de la nature de l'aimant, d'après les expériences de Gilbert, on a bien une inconnue (la nature de l'aimant), des données (les expériences de Gilbert) et la condition (la mise en relation de ces données)[1]. Les psychologues contemporains reprennent en gros cette définition. La tâche se compose de buts, de conditions et de données[2]. On peut localiser ces éléments sur un énoncé arithmétique scolaire : « Pierre a 12 billes, Jean en a 20, combien en ont-ils en tout ? ». Ici la question (combien ?) porte sur les données (Pierre a 12 billes, Jean, 20) ; elle est spécifiée par une condition (en tout) qui met en relation les données. Depuis Newell et Simon, on a pris l'habitude de décrire la tâche comme un espace de recherche avec un certain nombre de nœuds (les états) et d'arcs (les transformations à opérer sur ces états). Certains de ces états ou de ces nœuds peuvent être pré-câblés par des conditions, d'autres sont à relier par des inférences. Il n'y a pas d'arc reliant la situation finale au but. Résoudre consiste donc à chercher les chemins possibles entre les termes extrêmes de l'espace[3].

On distingue généralement *trois types de problèmes* : les problèmes de transformation d'états, d'induction de structure et de conception. Dans les problèmes de transformation d'états, le sujet se représente la tâche comme le parcours d'un espace d'états générés les

1. R. Descartes, *Règles pour la direction de l'esprit* (1629), trad. fr. J. Sirvin, Paris, Vrin, 1997.

2. A. Weil-Barais, « La résolution de problèmes » dans A. Weil-Barais (dir.), *L'homme cognitif*, Paris, P.U.F, 2005.

3. A. Newell et H.-A. Simon, *Human problem solving*, Englewoods Cliffs, New Jersey, Prentice Hall, 1972.

uns à partir des autres en appliquant des règles de transformation, comme dans la « Tour de Hanoï » ou autre casse-tête, mais aussi dans la plupart des exercices scolaires dits d'application. Dans les problèmes d'induction de structures, le sujet doit rechercher à établir des relations (des conditions) dans un ensemble de données. C'est le cas des tests psychologiques où il s'agit de compléter des séries, des problèmes de diagnostics, d'optimisation ou encore de construction de concepts. Ici, le sujet opère comme un détective qui doit prélever dans l'environnement un certain nombre d'indices significatifs, découvrir éventuellement des « chaînons manquants » et les ordonner les uns les autres dans une structure selon un schéma typique : le crime passionnel, crapuleux, terroriste... Les problèmes de conception relèvent du projet (écrire un article, faire le plan d'une maison, imaginer un dispositif technique). Ainsi, dans l'écriture d'un texte argumentatif, on part en général d'un cahier des charges plus ou moins sommaire qui va se préciser au fur et à mesure, au point de se modifier quelquefois de fond en comble et qui fournit un ensemble de fonctions d'évaluation ou de cadrage du travail rédactionnel : indication de la thèse à défendre, du genre d'article à produire, du public potentiel, du ton général de l'argumentation... Les activités de planification, bien étudiées par la psychologie cognitive, opèrent alors un va-et-vient entre phases de résolution locales et phases de structuration ou restructuration de l'ensemble.

4) Il faut donc bien distinguer la description objective de la tâche et la représentation que s'en fait le sujet qui traite le problème. On appelle « espace de la tâche », son interprétation canonique par l'expert, tandis que « l'espace du problème » est la représentation plus ou

moins adéquate que s'en donne le novice (l'écolier, l'apprenti, l'étudiant) qui s'y voit confronté. Toute la question est de savoir comment caractériser la distinction entre expert et novice. On a cru longtemps que la compétence de l'expert était avant tout formelle et consistait dans l'aptitude à mettre en œuvre des démarches générales de résolution, comme si l'expert était capable de résoudre toutes sortes de problèmes, quels qu'en soient les domaines. Newell et Simon pensaient ainsi, dans les années 1970, pouvoir construire des systèmes informatiques de résolution de problèmes en modélisant des stratégies tout à fait générales, fondées uniquement sur les caractéristiques formelles de la tâche : c'était l'idée du *General Problem Solver*. Le système fonctionnait en comparant ses différents états à un état optimal et en se donnant des fonctions d'évaluation. Il ne faisait appel à aucune connaissance spécifique, mais visait cependant à simuler une expertise. Or, ce qui fait l'expertise n'est pas uniquement d'ordre formel. Le médecin et le garagiste font tous deux des diagnostics, mais ils ne semblent pas interchangeables. Ce qui les distingue est avant tout la connaissance d'un domaine : soit un ensemble de savoirs spécialisés associés à une expérience bien spécifique. De même, ce qui distingue l'expert du novice n'est pas une différence d'habileté formelle. Alors que le novice raisonne sur des traits de surface, l'expert se fonde sur la structure profonde des connaissances du domaine. En intelligence artificielle, on passe ainsi du *General Problem Solver* aux systèmes experts qui intègrent les connaissances propres à chaque domaine. Et en psychologie, l'importance des connaissances apparaît bien lorsqu'on délaisse l'étude des traditionnels casse-tête (la tour de Hanoï, le jeu d'échecs…) pour s'intéresser aux problèmes dits « sémantiquement riches »[1], ceux qui sont liés aux disciplines scientifiques ou encore aux métiers.

Problématique

On définit souvent l'interaction entre le sujet et la tâche comme une situation problématique. Dans ce cas, le mot « problématique » est pris comme adjectif et signifie « douteux », « obscur », « indécidable ». On dira alors que la recherche de la solution s'effectue dans la modalité *du* problématique : on y avance des propositions sans être certain de leur vérité, mais à titre d'essai[2]. Mais on parle aussi d'*une* problématique pour indiquer le développement d'une question ou d'un problème. Disons que construire *une* problématique consiste à élaborer un énoncé de problème. L'idée de problématique (comme substantif) peut désigner également l'état présent, pour ainsi dire objectif d'une question, dans la communauté savante. On parlera par exemple de la problématique actuelle de l'évolution pour signifier à la fois les résultats sur lesquels les savants s'accordent, les énigmes qu'ils se posent à partir de ces résultats et les controverses qui se font jour. Georges Canguilhem a ainsi retracé l'histoire des différentes problématiques à travers lesquelles s'est élaboré le concept de réflexe[3].

---

1. A. Weil-Barais, « Résolution de problèmes », dans J.-P. Rossi (éd.), *La recherche en psychologie*, Paris, Dunod, 1991.

2. En logique, on distingue le jugement apodictique ($2 + 2 = 4$), qui est démontré ou immédiatement nécessaire, le jugement assertorique (Napoléon est mort à Sainte Hélène) qui peut être vrai ou faux, en tout cas non nécessaire et le jugement problématique qui ne présente qu'un caractère de vraisemblance ou de possibilité.

3. G. Canguilhem, *La formation du concept de réflexe aux XVIIe et XVIIIe siècles*, Paris, Vrin, 2000.

Ce qui risque de nous masquer l'importance de cette notion de problématique, c'est, comme le dirait Gilles Deleuze, l'image scolaire de la pensée[1]. À l'école nous avons pris l'habitude d'une division du travail selon laquelle, la plupart du temps, c'est le maître qui construit l'énoncé du problème, l'élève n'ayant qu'à le résoudre. Certes les choses se compliquent avec la dissertation ou les travaux de recherche, mais globalement, l'expérience scolaire redouble une image sociale de la pensée centrée sur les réponses, comme si les questions se posaient d'elles-mêmes. Or, l'histoire des sciences, mais également l'expérience professionnelle ou celle de la recherche, nous montrent que, comme le disait Bachelard, *le plus important c'est de savoir poser les problèmes et les bons problèmes*, lesquels ne se posent jamais tout seuls.

L'image scolaire de la pensée est sur ce point tout à fait cartésienne. Dans les *Règles pour la direction de l'esprit*, Descartes entend bien définir une méthode de traitement des problèmes, mais il n'aborde en fait que la résolution de problèmes dont l'énoncé est déjà formé et bien formé. Il n'aborde que les questions parfaitement compréhensibles (celles dont l'inconnue et désignée par du connu) et même parfaitement déterminées, celles qui nous fournissent exactement ce dont nous avons besoin pour la recherche, rien de moins, rien de plus (Règle XII). Si bien que les préceptes cartésiens ne nous sont utiles que pour comprendre et traiter des énoncés déjà construits : ne pas oublier de données, ne pas en inventer de surnuméraires, ne pas se précipiter, chercher le nœud de la question. Ainsi, répondre à la question « quelle est la nature du son ? » n'est possible que si m'est fournie une

---

1. G. Deleuze, *Différence et répétition*, Paris, P.U.F, 1968.

liste de résultats provenant d'un dispositif expérimental dans lequel une série de cordes d'épaisseurs variables et tendues par des poids différents produisent néanmoins un même son (Règle XIII). Mais précisément, le véritable effort de pensée ne réside-t-il pas dans l'élaboration de ce dispositif lui-même qui matérialise en quelque sorte l'énoncé du problème ou la problématique physique du son ? Il faut ramener toutes les questions imparfaites à des questions parfaites, conseille Descartes (Règle XIII); il ne faut pas penser aux objets en eux-mêmes (à la matérialité du son), mais bien « aux grandeurs à comparer entre elles ». Mais comment passer de la perception du son à l'invention de rapports intelligibles entre cordes et poids ? Comment se dégager de la fascination musicale pour construire le problème physique du son ? C'est justement le genre de questions que Descartes ne pose pas et qui ne trouveront, du reste, leur élucidation que dans l'épistémologie non-cartésienne de Bachelard, prenant en compte la construction des problèmes et non simplement leur résolution.

On peut donc distinguer schématiquement *trois dimensions* dans le processus de traitement du problème : a) la position du problème; b) sa construction; c) sa résolution. Il ne faut pas considérer ces éléments comme des étapes qui se succéderaient dans l'ordre, mais plutôt comme des orientations cognitives qui interfèrent dans le processus de recherche.

Poser le problème, c'est identifier un manque, une désadaptation dans l'expérience existentielle, profession-nelle, intellectuelle. Il faut bien savoir qu'il y a problème pour que ce problème puisse être traité, mais on conviendra qu'il ne suffit pas de ressentir un malaise pour être capable d'effectuer un diagnostic médical ni d'éprouver le désir de raconter une histoire d'amour ou de guerre pour concevoir l'argument d'un roman. D'où la deuxième orientation que nous privilégierons, celle de la construction du problème, ou de l'élaboration de la problématique. Dans son *Apostille au Nom de la rose*[1], Umberto Eco explique qu'imaginer un roman c'est construire un monde : choisir le genre, voire jouer avec les genres (ainsi concevoir un roman à la fois policier, historique et métaphysique), choisir l'époque (le XIVe siècle), le lieu (une abbaye bénédictine), le contexte (les querelles religieuses sur la pauvreté, l'inquisition), une amorce d'intrigue (une histoire de poison), etc. Eco insiste sur les contaminations de contraintes qui s'effectuent à partir des choix contingents de l'auteur : impossible de parler d'une abbaye du XIVe sans évoquer la bibliothèque, impossible de parler de bibliothèque sans évoquer un labyrinthe et un incendie... Dans l'enquête policière, la construction du problème renvoie à la sélection des indices pertinents, au recueil des témoignages, à l'exploration des mobiles possibles du crime, ceci afin d'élaborer plusieurs pistes vraisemblables. Gilles Deleuze, après Gilbert Simondon, décrivait le processus de construction du problème comme la constitution de séries de singularités (les éléments pertinents de la situation) interférant entre elles sur des points remarquables. Il y voyait métaphoriquement l'œuvre de l'amour et de la colère[2]. L'amour fait proliférer les séries : ici historique, religieuse, policière. La colère fait se heurter ces séries et leurs points d'interférences définissent des évènements problématiques : on empoisonne un moine, les paysans

---

1. U. Eco, *Apostille au Nom de la Rose*, Paris, Grasset, 1985.
2. G. Deleuze, *Différence et répétition, op. cit.*

se révoltent, etc. La dernière orientation cognitive concerne la résolution du problème. C'est, dans l'enquête policière, la formulation des hypothèses et leur test. Dans l'écriture du roman, c'est la rédaction des différents chapitres venant étoffer l'argument.

Problématiser

En posant la question « qu'est-ce que problématiser? » nous visons l'élucidation du processus de traitement du problème dans son entier depuis la position jusqu'à la résolution, mais en nous attachant particulièrement à la construction du problème, c'est-à-dire à l'édification de *la problématique*, ce qui nous paraît en constituer l'élément central.

La fortune contemporaine des termes de « problème » ou de « problématique », avec les phénomènes de banalisation de sens qu'elle entraîne nécessairement, n'est sans doute que l'ombre portée du paradigme de la problématisation qui s'installe, au début du XXe siècle, avec le pragmatisme de Dewey et de Peirce, le rationalisme de Bachelard, puis les problématologies de Deleuze ou de Meyer[1]. C'est à ces auteurs que nous demanderons de nous éclairer. Ce que nous appelons le paradigme de la problématisation inaugure une nouvelle image de la pensée. Jusqu'alors les diverses épistémologies du problème, celle des mathématiciens grecs ou celle des ingénieurs de la Renaissance et même la méthodologie cartésienne des *Règles pour la direction de l'esprit*, coexistaient avec une image de la pensée comme contemplation, intuition, voire jugement ou

1. M. Fabre, *Philosophie et pédagogie du problème*, Paris, Vrin, 2009.

raisonnement. Désormais, après Dewey, c'est l'enquête, au sens très large du mot, qui va devenir le modèle de la démarche intellectuelle.

Il faut donc lier étroitement problème et recherche. Car la difficulté est ambivalente : elle bloque la pensée et l'action, mais les stimule également. Il est des problèmes qui nous écrasent, dit Dewey. Ils nous « tombent dessus » sans crier gare. Ils ne nous offrent aucune prise. C'est pourquoi les hommes n'aiment guère les problèmes ni *le* problématique. Ils préfèrent en général les certitudes et le confort d'une adaptation réussie. Mais le problème peut également susciter la pensée et l'action. Platon fait de l'étonnement le moteur de la connaissance : nous sommes provoqués à penser, du dehors pour ainsi dire, quand nous interpelle une contradiction dans le sensible. Dans le même sens, réagissant contre une épistémologie positiviste pour laquelle la science commence par l'observation du réel, aussi bien Bachelard que Popper font du problème la dynamique de la science. Sans problème, pas d'enquête et par conséquent pas de science.

Le but de cet ouvrage sera de tenter, par-delà les usages communs et souvent maladroits du vocabulaire du problème, *une définition rigoureuse de la notion de « problématisation » qui en dévoile les enjeux philosophiques*. À quoi reconnaît-on que l'on a affaire à une problématisation véritable ? Nous proposerons quatre critères. Problématiser c'est : a) l'examen d'une question ; b) par une pensée articulant données et conditions du problème, dans un cadre déterminé ; c) par une pensée qui se surveille elle-même ; d) dans une perspective heuristique.

L'EXAMEN D'UNE QUESTION

Problématiser suppose qu'il y ait *du* problématique ou encore que quelque chose soit problématique. Ce fait est-il vrai ou faux ? Cette idée est-elle ou non judicieuse ? Faut-il prendre cette décision plutôt que celle-là ? La modalité *du* problématique renvoie à une indécision au moins passagère, à une incertitude qui oblige à ajourner toute solution. *Le* problématique est le résultat d'une sorte de mise entre parenthèses, d'une *épochè*, qu'on effectue lorsqu'on refuse l'assimilation cartésienne du douteux au faux. Pour Descartes en effet, il n'y a pas de moyen terme entre le vrai et le faux. Pour être certain de ne pas se tromper, il faut considérer comme fausse toute assertion dans laquelle se glisse le moindre doute. Mais, s'il en est ainsi, comment la recherche est-elle possible ?

Le travail du sens

Pour penser la modalité de l'examen ou *du* problématique, il faut passer *d'une logique de la vérité à une logique du sens* [1]. Mais qu'est-ce que le sens ? On peut s'en faire une idée par l'examen d'une proposition comme « La Terre tourne autour du Soleil ». La dimension la plus évidente est celle de la référence (appelée encore « indication » ou « désignation »). La phrase prétend décrire un état du monde. Le premier réflexe intellectuel est ainsi de se demander si la proposition est vraie ou fausse, c'est-à-dire si elle décrit véritablement le réel. Mais pour tester la valeur de vérité de la proposition, encore faut-il savoir ce que veulent dire les expressions comme « Terre », « Soleil » ou encore « tourner autour ». Telle

---

1. G. Deleuze, *Logique du sens*, Paris, Minuit, 1969.

est la dimension de la signification qui renvoie des mots aux concepts. Enfin, on peut se demander qui prononce cette phrase et dans quelle intention. Est-ce le professeur qui rappelle doctement ces faits pour corriger une erreur d'élève ? Veut-on plutôt évoquer l'affaire Galilée au cours d'une conversation sur la censure ? Toute proposition se présente ainsi comme l'énoncé des croyances, des sentiments, des intentions de celui qui l'exprime. Parler, écrire, c'est se livrer un peu. D'où la dimension expressive du langage, appelée encore « manifestation ». La manifestation est la prise en charge subjective de la proposition, le fait qu'une proposition peut toujours se voir rapportée à un énonciateur, lequel n'est jamais quelconque, et s'ancrer ainsi dans un contexte défini. Les pronoms personnels (je, nous), les circonstanciels égocentriques (ici, maintenant…), marquent, dans la langue, cette dimension de manifestation ou d'expression.

Pour Deleuze, le sens est irréductible aux trois dimensions de la proposition logique. Il ne se confond ni avec la référence, ni avec la signification, ni avec la manifestation, mais constitue plutôt leur condition de possibilité réelle et pas seulement formelle. Nous ne pouvons, dans le cadre de cet ouvrage, expliciter l'arrière-plan philosophique de cette position qui se situe dans une longue tradition allant de Grégoire de Rimini à Meinong et à Husserl[1]. Disons *que toute proposition est la réponse à un problème* lequel reste la plupart du temps implicite tout en déterminant pourtant ses conditions de possibilités réelles. Avec l'idée de problème, on touche donc au pouvoir génétique du sens. Gilles Deleuze fait ainsi du sens une quatrième dimension de la proposition,

---

1. Voir G. Deleuze, *Différence et répétition*, *op. cit.*, p. 203, note 1.

mais une dimension que l'on ne peut saisir directement et que l'on doit inférer au contraire à partir du cercle où nous entraînent les autres. Le sens n'existe pas, *il insiste* dans les trois dimensions de la proposition.

Le cas de la « mémoire de l'eau »

Que veut dire examiner une proposition? L'examen s'effectue dans la modalité *du* problématique qui est également celle du sens. Montrons-le sur un exemple de controverse scientifique.

Quand le biologiste Benveniste prétend démontrer l'efficacité de l'homéopathie, l'article qu'il propose à la revue *Nature* défend un certain nombre de thèses éminemment problématiques[1]. Benveniste relate des expériences qui semblent prouver que des cellules de basophiles humains (sortes de globules blancs dont la surface possède des anticorps de type IgE) sont dégranulées et libérèrent leur histamine sous l'action de substances anti-IgE extrêmement diluées et dynamisées par agitation. Mais comment expliquer que des substances, diluées en deçà du nombre d'Avogadro, puissent encore avoir une action sur les tissus? Benveniste propose l'idée de « mémoire de l'eau » comme hypothèse théorique. Puisqu'aucune molécule d'anti-IgE n'est plus présente dans la dilution utilisée, il faut bien supposer que la molécule d'eau garde l'empreinte de la substance initiale. Le mécanisme est encore obscur – reconnaît Benveniste – mais il faut probablement chercher du côté des liaisons d'hydrogène et des champs électriques ou magnétiques dynamisés par l'agitation des dilutions.

---

1. J. Benveniste, « Human basophil degranulation trigged by very dilute antiserum against IgE », *Nature*, vol. 333, 30, juin 1988.

La controverse qui s'ensuit se lit comme un travail de mise entre parenthèses des différentes dimensions de la thèse de Benveniste. D'abord la signification. Pourquoi les résultats de Benveniste sont-ils si « incroyables », selon la revue *Nature* ? Parce qu'ils heurtent le principe selon lequel, en biochimie, pas de molécule, pas d'effet. Autrement dit, l'idée d'une mémoire de l'eau n'a aucune signification recevable dans la science actuelle. La signification suspendue, reste à s'interroger sur la référence. Qu'en est-il des faits prétendument établis ? Les expériences de Benveniste sont soumises à de nombreuses contre-expertises qui échouent à les reproduire. Sur le plan de la manifestation, bien que la réputation de Benveniste ait sans doute joué pour que son article soit accepté par *Nature*, avec tout de même beaucoup de réserves, son autorité n'est pas telle qu'on puisse le croire sur parole. On en vient même à le soupçonner de fraude.

Examiner une thèse, c'est donc mettre en question chaque dimension de la proposition. L'idée de « mémoire de l'eau » est-elle concevable en physique (signification) ? Les expériences de Benveniste sont-elles reproductibles (référence) ? La compétence et même l'honnêteté de ce savant réputé sont-elles au-dessus de tout soupçon ? (manifestation). Mais les propositions qui résument la thèse de Benveniste, bien que n'ayant ni référence assignable ni signification recevable et ne pouvant se fonder sur aucun argument d'autorité, ne sont pas rien. Elles existent ou plutôt *insistent* dans les débats scientifiques où elles sont convoquées : dans les thèses des défenseurs et les objections des contradicteurs. Elles divisent la communauté savante et au-delà le grand public. Canular, effet Sokal ou théorie d'avenir, on ne se prononcera pas sur le fond de l'affaire. Il nous suffit de savoir que ces propositions ont le genre d'existence qui convient au sens : elles constituent un évènement ou un pseudo-évènement scientifique, elles font problème !

L'examen d'une question peut donc se décrire, d'une part, comme *un processus de neutralisation* des différentes dimensions de la proposition et, d'autre part, *comme un mouvement inverse pour réengendrer ces dimensions*, mais à nouveaux frais pour ainsi dire : établir la signification, assurer la référence, accorder du crédit. C'est en quoi *le* problématique ou le sens constitue bien la genèse réelle et non plus seulement formelle de la proposition qui apparaît alors comme le résultat d'un processus discursif. Il est vrai que la controverse évoquée ici en reste à sa phase déconstructrice : la « mémoire de l'eau » demeure une notion problématique. Elle n'est pourtant pas rien, elle a bien un sens puisqu'on peut l'évoquer, mais ce sens ne désigne rien d'autre que l'objet d'un débat que la communauté scientifique semble avoir tranché jusqu'ici par une fin de non-recevoir.

Bergson et l'idée de désordre

Donnons un exemple, positif cette fois, de ce travail d'examen. Quand Bergson analyse l'idée de désordre dans un passage célèbre [1], il se livre bien à *une déconstruction et à une reconstruction de la notion.* Quelles opérations ce travail sur le sens engage-t-il ?

Quelle est l'objectivité de l'idée de désordre? La question sous-jacente est celle de la référence des idées négatives. Je prends un livre dans ma bibliothèque, je

---

1. H. Bergson, *L'évolution créatrice* (1907), Paris, P.U.F, 1966. p. 291-296 et p. 233.

m'aperçois qu'il s'agit de vers alors que je cherchais de la prose. Quel est le statut de cette absence de prose ? Elle n'a aucune réalité objective : je n'ai pas vu et je ne verrai jamais cette absence, comme d'ailleurs aucune absence. Quand je dis « ce n'est pas des vers », je ne me réfère pas à un néant objectif, je ne fais qu'exprimer une déception. Comme le montre cet exemple, l'idée négative n'est en réalité qu'une pseudo-idée. L'affirmation et la négation ne sont pas symétriques. Dire « ce livre est de la prose » est un jugement sur le monde. Dire « ce ne sont pas des vers » est un jugement sur le jugement : a) je croyais que c'étaient des vers ; b) mais en réalité (a) est faux : ce n'est pas le cas.

Quelle signification accorder alors à l'idée de désordre ? Soit l'exemple de la chambre que développe Bergson. Elle nous paraît en désordre par rapport à ce que nous attendons habituellement d'une personne « rangée », mais elle présente un ordre parfait du point de vue physique, en ce sens que la position de tous les objets, même celle de tous les vêtements qui traînent sur le sol, résulte de processus causaux que le physicien pourrait reconstituer. Il faut donc distinguer deux types d'ordre : l'ordre géométrique qui exprime seulement la possibilité d'analyser le donné selon des causes et des effets et l'ordre vital qui implique une finalité, une intention. Quand nous parlons de désordre à propos de la chambre, nous exprimons seulement notre déception par rapport à un ordre vital attendu. L'idée de désordre n'a donc rien d'objectif, elle se dissout quand nous nous rendons compte qu'elle exprime simplement le flottement de l'esprit qui passe d'un type d'ordre à un autre, de l'ordre causal à l'ordre vital ou intentionnel.

On voit quelles opérations Bergson mobilise. Il travaille les significations en redéfinissant les termes du problème (ordre, désordre, mécanique, vital), en établissant des distinctions (il y a ordre et ordre), en mettant en question les significations héritées, en démasquant des illusions (la symétrie apparente de l'affirmation et de la négation sur la foi de leur forme propositionnelle). Le questionnement de la référence constitue l'enjeu même de l'examen, puisque Bergson en vient à dénier toute valeur objective à l'idée de désordre qui ne désigne plus dès lors qu'une modalité déceptive du rapport du sujet au monde. Si le travail sur la manifestation reste caché, il n'en est pas moins effectif. Toute problématisation authentiquement philosophique en tant qu'affirmation d'une pensée nouvelle, constitue en effet un acte d'émancipation par rapport à l'autorité, celle des penseurs reconnus, voire classiques ou celle de l'opinion et corrélativement l'affirmation d'une prise de position, d'une thèse qui prétend à une autorité nouvelle, comme l'implique l'idée d'auteur. En déconstruisant l'idée de néant, Bergson a bien conscience de s'opposer à la sagesse du langage et même à la tradition de la philosophie grecque qui envisagent toute une série de degrés de réalité entre l'être et le néant[1].

Comme le montre l'analyse de Bergson, l'examen consiste souvent, en philosophie, à déplacer les problèmes, à les reconstruire autrement, ou à dénoncer les faux problèmes.

Topologie de la problématique

L'examen d'un problème requiert une sorte de doute que les philosophies du problème prennent bien soin de

---

1. H. Bergson, *L'évolution créatrice*, *op. cit.*, p. 325-327.

distinguer du scepticisme ou même du doute universel cartésien.

Chez Dewey, l'enquête apparaît comme un doute localisé. Il s'agit par exemple de savoir si Pierre est bien l'assassin. Toute enquête suppose donc une clôture qui fait que l'on s'intéresse à ce crime-ci et non à tel ou tel autre méfait, lesquels tombent en *dehors du questionnement*. Mais à l'intérieur même de l'espace problématique ainsi dégagé, il faut distinguer *ce à propos de quoi* ou *de qui* on questionne (Pierre) et *ce qui est en question* (est-il ou non l'assassin?). Dewey réinterprète ainsi les concepts de la logique classique. Le sujet (Pierre) et le prédicat (assassin) ne renvoient plus à une ontologie de type aristotélicien découpant le réel en substances et accidents. Ils reçoivent une interprétation purement fonctionnelle dans une démarche de problématisation. Si je demande « Pierre est-il l'assassin? » *il est bien question* de Pierre et non de Jacques ou de Jean. Pierre est bien le sujet (ou l'objet) de mon questionnement, c'est-à-dire ce sur qui il porte. Mais quelle est précisément la question que je pose à propos de Pierre? Il ne s'agit pas de savoir si Pierre est petit, jeune ou vieux, mais s'il est bien l'assassin. Le prédicat correspond à *ce qui fait question* chez Pierre. Ainsi, questionner, c'est toujours demander *quelque chose* (prédicat) à *propos de quelque chose* (sujet). Encore ce questionnement suppose-t-il du *hors question* : s'il y a enquête, c'est qu'il y a eu crime, si Pierre est suspect, c'est qu'il a un mobile et pas d'*alibi*. Voilà des faits qui ont été établis, qui ne sont pas remis en question, du moins pour le moment, et qui constituent même les conditions de possibilité du questionnement.

À propos de cette dialectique du doute et de la certitude dans le questionnement, Bachelard évoque l'idée d'une « topologie de la problématique ». Il oppose ainsi le questionnement heuristique des sciences modernes à la « parade » du doute universel cartésien. C'est que vouloir douter de tout n'a pas de sens. Douter exige toujours une base de certitude. En physique – dit Bachelard – on ne travaille jamais sur le total inconnu, *a fortiori* sur un inconnaissable, mais toujours à partir de questions vives qui se détachent sur un horizon de savoirs et de problématiques constituées. Il faut donc délimiter les contours du problème, « normaliser » les questions voisines, décider quelles boîtes noires il convient de laisser provisoirement fermées, choisir les outils intellectuels qu'il faut affûter[1]. Quiconque s'est essayé à la recherche et, *a fortiori* à la direction de recherche, sait bien qu'une telle topologie prend facilement l'allure d'un « travail de deuil » quand il faut renoncer à tout ce que l'on aimerait savoir pour se rabattre sur le faisable et l'opératoire.

On a donc affaire à trois types de *hors question* : a) ce qui *tombe en dehors* du questionnement ; b) le sujet du questionnement, *ce à propos de qui ou de quoi* on questionne ; c) les présupposés du questionnement, *ce sans quoi* il ne saurait s'effectuer.

C'est probablement Wittgenstein qui exprime le mieux cette dialectique du doute et de la certitude quand il soutient, contre les sceptiques, que si nous ne pouvons mettre en doute certaines connaissances du sens commun, c'est qu'elles sont présupposées dans

---

1. G. Bachelard, *Le rationalisme appliqué* (1949), Paris, P.U.F, 1970.

toutes nos questions et toutes nos réponses[1]. D'autre part, son argument contre le scepticisme fait valoir qu'un doute n'est sérieux que lorsqu'il est local et qu'il ne peut d'ailleurs s'effectuer que sur la base de certitudes, au moins provisoires. D'où l'intérêt de ces métaphores qui assimilent le questionnement à une porte qui, pour s'ouvrir et se fermer, requiert des gonds fixes ; ou encore qui le comparent à une rivière coulant entre des berges relativement stables[2]. On pourrait ajouter que douter de tout s'avère aussi impossible que de faire un trou dans l'eau. C'est ce non questionné, que Wittgenstein nomme « certitude », qui rend possible le questionnement. Ces certitudes constituent bien des croyances, mais des croyances sans lesquelles le processus de questionnement ne pourrait avoir lieu. Évidemment, les certitudes ne sont que provisoires et tiennent à un contexte de problématisation donné. Elles pourront elles-mêmes être questionnées, voire remises en question dans des problématisations ultérieures. En fait, les propositions tenues pour certaines sont solidifiées, mais elles peuvent redevenir liquides et inversement.

Ce caractère fonctionnel des éléments de la problématisation constitue une caractéristique fondamentale du processus. Il n'y a pas d'éléments qui soient certains ou douteux en soi. Le fait d'être *en question* ou *hors question* s'avère toujours relatif à un certain contexte problématique. C'est d'ailleurs par des enchaînements problématiques de ce type, au cours desquels les éléments changent de fonction, que s'effectuent les

1. L. Wittgenstein, *De la certitude* (1958), trad. fr. J. Fauve, Paris, Gallimard, 1976, p. 103.
2. *Ibid.*, p. 95, p. 97.

dynamiques de la recherche ou de l'apprentissage. Ce qu'on appelle « progrès » revient à poser que la solution du problème (a) devient une certitude sur laquelle va se fonder un problème (b) et ainsi de suite. On sait toutefois que la marche des sciences ou de l'apprentissage n'est pas linéaire et que ce que l'on croyait acquis lors de précédentes problématisations se voit souvent remis sur le chantier, apparaissant rétrospectivement comme une erreur ou une impasse.

Dans cette perspective, la distinction entre « je sais » et « je crois » peut-elle encore tenir? On pourrait dire que « je sais » repose sur les résultats d'une enquête bien menée : maintenant je sais que Pierre est l'assassin, j'en ai la preuve. Évidemment, en dépit de ce que je sais ou crois savoir, un fait nouveau peut survenir qui mettra en question les résultats de l'enquête et déterminera la révision du procès. La distinction entre croyance et savoir s'avère donc toute relative. Ce qui est indiqué par-là, c'est que la vérité n'est qu'un horizon, jamais un résultat et que donc toute enquête peut en principe être recommencée.

L'ARTICULATION DES DONNÉES ET DES CONDITIONS

Il n'y a pas de pensée sans étonnement, mais tout étonnement ne conduit pas à une pensée scientifique ou philosophique. Pour qu'un questionnement devienne problème, *il est nécessaire de croiser deux dimensions* : une dimension horizontale qui englobe les orientations cognitives de la position, de la construction et de la résolution de problème et une dimension verticale consistant à articuler données et conditions dans un cadre déterminé[1]. On peut schématiser ces deux dimensions sur un losange :

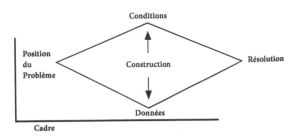

Quelques exemples

Lorsque Phileas Fogg, le héros du *Tour du monde en quatre-vingts jours*, organise son voyage, il consulte le guide des transports, lequel fournit, jour après jour, tous les horaires de chemin de fer et tous les mouvements de navigation sur les réseaux connus. C'est dans cette masse d'informations qu'il va sélectionner les données de son problème. On comprend déjà l'ambiguïté du mot « donnée ». En réalité, les données ne sont jamais données, mais construites, c'est-à-dire prélevées sur une masse d'informations ou recherchées par des observations ou des expériences, en fonction du problème à résoudre.

Le but de Phileas Fogg n'est pas de faire du tourisme, mais de gagner son pari. Il doit donc respecter deux conditions : a) la continuité spatio-temporelle : il ne doit

1. À la triplicité données, conditions, cadre, correspond, du point de vue d'une épistémologie et d'une didactique du problème scientifique, celle du registre empirique, du registre des modèles et du registre explicatif. Voir C. Orange, *Enseigner les sciences. Problèmes, débats et savoirs scientifiques en classe*, Bruxelles, De Boeck, 2012.

pas y avoir de trous dans les réseaux ni de temps morts entre les correspondances ; b) la minimisation des distances et des durées : prendre les chemins les plus courts, les véhicules les plus rapides, les temps de parcours les plus brefs. Ce sont les conditions de possibilité du type de voyage qu'il entreprend, ou encore les conditions *sine qua non* du déplacement le plus rapide possible. De fait, l'intérêt du récit, son suspense, repose précisément sur les trous spatio-temporels qui ne manquent pas de survenir. La continuité des réseaux de chemin de fer ne sera pas toujours assurée et une série d'évènements créeront des retards plus ou moins importants. L'ingéniosité du voyageur consistera à réparer d'une manière ou d'une autre ces perturbations. Pour l'instant cependant, Phileas n'en est qu'à la préparation du voyage et il doit résoudre un *problème d'optimisation*. La construction de l'itinéraire consiste donc dans le choix de données pertinentes au regard de l'impératif de rapidité. Les conditions explicitent et précisent le but du problème : comment faire le tour du monde en quatre-vingts jours *seulement ?* Les données le concrétisent. Mais il est clair que le choix des données ne peut se faire sans les conditions. Il n'y a pas d'abord consultation des données brutes et puis dans un deuxième temps, intervention des conditions. Phileas ne lit pas son guide comme on lit un roman, de la première à la dernière ligne, pour se poser ensuite la question du voyage. Il ouvre son guide avec d'emblée un projet et des critères qui le spécifient. C'est seulement ainsi que les informations qu'il contient pourront devenir des données.

On comprend sur cet exemple la différence de statut logique entre les conditions et les données. Les données sont ce qu'elles sont, mais pourraient être autrement.

Elles font l'objet d'un jugement assertorique qui en constate la vérité ou la fausseté. Ainsi, contrairement à ce qu'annonçait le *Morning Chronicle*, la voie de chemin de fer entre Rothal et Allahabad n'est pas achevée. En revanche, les conditions relèvent de l'apodictique c'est-à-dire d'un jugement de nécessité. Tout déplacement suppose une continuité spatio-temporelle : cette condition est ce qui définit son concept. Sans elle, le déplacement est impossible. En outre, tout impératif de rapidité exige de maximiser la vitesse et / ou de minimiser les distances.

Il est toujours possible de suppléer une donnée manquante : de modifier l'itinéraire ou l'horaire ou d'emprunter un véhicule de remplacement. Mais *il n'est pas possible de déroger aux conditions*. On le voit bien par les erreurs dites « de conception ». On se souvient de Robinson Crusoé qui entreprend la construction d'une pirogue, la bien nommée « Évasion », pour s'enfuir de son île. Le lecteur peut dégager, au fil du récit, le cahier des charges du projet. Il faut à notre héros une embarcation, qui tienne bien sur l'eau (flottabilité), suffisamment sûre pour un voyage plein de risques (robustesse), de taille suffisante pour pouvoir embarquer des provisions (capacité). Ce cahier des charges résume les conditions du problème. Il va guider le choix des matériaux et de leurs caractéristiques, ce que nous appelons des données. Ainsi Robinson va-t-il choisir de creuser un bel arbre (flottabilité), de grande taille (capacité), très solide (sûreté). On connaît la fin de l'histoire. Robinson ne pourra quitter son île, faute d'avoir omis, dans son cahier des charges, une condition essentielle, celle de l'accessibilité de la pirogue à la mer. En effet, la pirogue a été construite loin du rivage, au fond d'une clairière, en dessous du niveau de l'eau. Il ne s'agit pas là d'une erreur d'exécution comme si Robinson avait gâché son ouvrage par maladresse, en faisant éclater le bois ou en le brûlant quelque peu, choses réparables sans doute. C'est bien là une erreur de conception qui fait apparaître, par contre coup, la vraie nature du cahier des charges comme définissant les conditions de possibilité du projet, ce sans quoi il n'est pas réalisable.

Si le problème-projet implique une anticipation globale et encore confuse des conditions, dans le diagnostic l'articulation des données et des conditions s'opère dialectiquement. Les symptômes suggèrent au médecin certaines hypothèses, mais inversement, c'est la connaissance des maladies possibles qui oriente la sélection de ce qui vaut comme symptômes, dans la masse d'informations que doit traiter l'examen clinique. Les conditions relèvent ici du savoir médical qui associe telle maladie à tels symptômes. Ce qui fait la différence d'avec la vision du profane, c'est qu'ici les inférences sont guidées par un ensemble de significations que l'on peut exprimer par des propositions conditionnelles de type *Si* a + b +... *alors* m. Par exemple : *Si* forte fièvre + fatigue intense + douleurs musculaires + maux de tête + toux sèche *alors* (probablement) grippe. Naturellement ce diagnostic n'a rien de mécanique parce que plusieurs maladies peuvent présenter des zones de recoupements de symptômes et parce que l'état du malade ne correspond jamais totalement au cas typique, qu'il peut y avoir des associations de maladies, des complications, etc. On peut même envisager le cas où le médecin rencontre une maladie rare, voire inconnue. La problématisation va alors consister, non plus à chercher en mémoire quelles sont les conditions qui s'appliquent aux données, mais bien à découvrir des conditions nouvelles susceptibles de rendre intelligible ce nouveau cas.

Il faut donc envisager un continuum entre les activités à faible problématisation (comme lorsqu'on diagnostique la grippe lors d'une épidémie) et les activités de création ou d'invention où il s'agit véritablement de chercher des conditions nouvelles. La dissertation philosophique constitue un bon exemple de problématisation maximale. Soit la question « la démocratie est-elle le meilleur des régimes ? », la problématisation, avant même toute prise de position, consiste à chercher à quelles conditions cette proposition peut être intelligible. Le travail portera évidemment sur les « mots-clés » de l'intitulé en opérant un certain nombre de distinctions. Parle-t-on de démocratie au sens strictement politique (le gouvernement du peuple par le peuple, pour le peuple) ou plutôt au sens sociologique (l'égalité, l'uniformité, la médiocrité de Tocqueville) ? La définition est une recherche de critères (donc de conditions) à partir de données ou d'exemples historiques comme la démocratie athénienne, la démocratie américaine... L'autre terme à éclaircir est évidemment celui de « meilleur » qui reste ici indéterminé. Au nom de quoi peut-on déclarer que tel régime s'avère meilleur qu'un autre ? Le critère sera-t-il l'efficacité, la justice, l'égalité, le bonheur des citoyens ? Et comment faut-il entendre le terme de meilleur ? Meilleur absolument, dans l'idéal ? Meilleur au sens réaliste de moins mauvais des régimes existants ? Meilleur pour quelques-uns, pour tous ? Le travail philosophique se procure donc des données (ici des exemples) et cherche des critères d'intelligibilité afin de clarifier suffisamment la question posée pour la rendre traitable, c'est-à-dire pour qu'une thèse (une solution) puisse être formulée, en connaissance de cause.

L'invention des conditions intervient également en science lorsqu'on cherche l'explication d'un phénomène. Si le problème est de savoir pourquoi il y a des saisons, cela revient à chercher la condition de possibilité d'un ensemble de phénomènes bien déterminés : a) il y a un seul été et un seul hiver par année ; b) lorsque c'est l'été dans l'hémisphère nord, c'est l'hiver dans l'hémisphère sud et inversement ; c) la durée des nuits et des jours est inégale selon les périodes de l'année ; il y a des solstices et des équinoxes. Ce sont là les données du problème, c'est-à-dire les singularités à prendre en compte : ce qui est à expliquer. Il s'agit à présent de trouver le principe explicatif. C'est parce que la Terre est inclinée sur l'axe de l'écliptique qu'il peut y avoir des saisons qui sont dues aux variations de surfaces éclairées et à l'angle selon lequel les rayons atteignent la surface. Naturellement, on comprend là encore que le scientifique (ou l'élève à qui on pose le problème) ne part pas d'une liste de données toutes faites. Les singularités du problème, les traits significatifs des phénomènes sont reconnus en même temps que s'impose le principe explicatif. Ce sont les hypothèses d'explications successives qui font apparaître les données comme autant d'indices venant les conforter ou les invalider. Ainsi, l'hypothèse explicative, qui vient assez spontanément, impliquant la variation de distance Terre-Soleil dans une trajectoire légèrement elliptique, se voit-elle invalidée par le fait de l'alternance de l'été et de l'hiver selon les hémisphères.

Le cadre

On problématise toujours dans un cadre déterminé. *Le cadre est l'instance normative qui détermine ce à quoi il convient de donner statut de donnée, de condition ou de solution.* Le cadre peut s'interpréter de plusieurs manières.

Dans une perspective psycho-sociologique, le cadre est ce qui fixe la représentation de la réalité, oriente les perceptions et influence la conduite. Les travaux de Goffman en donnent une bonne illustration. Pour comprendre le sens d'une interaction, il faut bien partir de l'activité des acteurs, comme réalité située et contrainte. Par exemple une conférence, dans un colloque scientifique, obéit à un cadre « primaire » permettant de rendre compte de ce qui se passe ici et maintenant : la transmission du savoir et l'échange entre pairs. Est primaire un cadre qui permet, dans une situation donnée, d'accorder une signification à tel ou tel de ces aspects. Le cadre est la plupart du temps implicite et n'apparaît que lorsqu'il est perturbé, par exemple lorsqu'un conférencier insulte un de ses collègues ou se met subitement à faire l'arbre droit. Il peut d'ailleurs y avoir emboîtement de cadres. Un colloque peut être l'occasion de rendre hommage à un chercheur éminent qui part à la retraite, de célébrer le centième numéro d'une revue... C'est là son cadre secondaire. On le comprend, un cadre n'est pas seulement un schème cognitif d'interprétation. C'est une syntaxe pratique qui règle les interactions, mais en exhibe en même temps la fragilité puisque tout cadre peut se voir, à chaque moment, perturbé [1]. La problématisation de Phileas Fogg s'inscrit ainsi dans le cadre social du pari

1. I. Goffman, *Les cadres de l'expérience*, Paris, Minuit, 1991.

qui apparaît comme une vénérable institution anglaise des gentlemen dandys. Dans ce cadre, qui se dédit se déshonore. De même, la visite du médecin génère un système d'attentes réciproques qui peut être perturbé si le praticien ne s'intéresse pas au malade ou si la patiente refuse d'être examinée par un homme pour des raisons culturelles ou religieuses.

Le cadre peut s'interpréter également, du point de vue épistémologique, comme définissant la légitimité d'une manière de questionner et de répondre. Il peut ainsi déterminer ce qu'expliquer veut dire dans telle ou telle discipline scientifique. Au XVIII e siècle les newtoniens et les cartésiens ne travaillent pas dans le même cadre. Les premiers admettent les actions à distance, lesquelles paraissent aux seconds des explications magiques. Pour les cartésiens, une bonne explication physique doit se situer dans un cadre mécanique avec ses figures géométriques, ses mouvements et ses actions par contacts. Les idées d'*épistémé* (Foucault), de paradigme (Kuhn), de cadre épistémique (Piaget et Garcia), de registre explicatif (Orange), visent toutes à marquer l'insertion d'une problématisation dans un cadre déterminé.

Un bon exemple d'incompatibilité des cadres est fourni dans le roman *Le Nom de la rose*. Umberto Eco y fait coexister trois types d'enquêtes visant à rendre compte des meurtres qui endeuillent l'Abbaye. Bernardo Guy, l'inquisiteur, procède selon une théologie qui voit partout l'œuvre du diable et selon la méthode de l'aveu sous la torture. Ubertin de Casale tente d'interpréter les évènements dans l'horizon de la théologie mystique de Joachim de Flore, en fonction des prédictions de l'*Apocalypse*. Enfin, Guillaume de Baskerville cherche à les expliquer en suivant les préceptes du *doctor mirabilis*,

Roger Bacon, le père de la méthode scientifique, c'est-à-dire en se fondant sur des indices et des preuves matérielles. Ces trois enquêtes diffèrent, non seulement par leurs solutions, mais également par la manière dont elles construisent le problème. Dans le langage de Lyotard, elles relèvent non du litige, mais du différend[1]. Les enquêteurs ne peuvent se comprendre, car ils ne confèrent pas statut de données ou de conditions aux mêmes éléments. Bien des débats sont ainsi des dialogues de sourds, car ne mobilisant pas les mêmes cadres.

Le cadre peut s'interpréter également de manière institutionnelle comme un « genre » disciplinaire définissant ce que doit être une problématique littéraire, artistique, juridique... avec les types d'opérations intellectuelles qui y sont à chaque fois prescrites et la rhétorique qui leur est propre. Là encore, le cadre se dévoile le mieux lorsque se produit un changement de genre (quand un roman est porté à l'écran, quand un procès judiciaire fait l'objet d'une nouvelle) ou lorsqu'un texte semble relever d'un genre mixte, par exemple mi-littéraire mi-philosophique comme le *Zarathoustra* de Nietzsche ou le *Mythe de Sisyphe* de Camus.

On comprend ainsi que la problématisation en science ne puisse avoir tout à fait les mêmes caractères qu'en philosophie. La manière d'y sélectionner les données obéit, du moins dans les sciences expérimentales, à des conditions méthodologiques très strictes et très explicites, ce qui n'est pas le cas en philosophie où l'auteur peut s'appuyer sur des exemples historiques, littéraires, vécus, ce qui réclame un autre type de rigueur pour s'assurer de leur pertinence. En outre, ce que la philosophie accepte

---

1. U. Eco, *Le Nom de la rose*, Paris, Le livre de poche, 1980.

comme « condition » est assez malaisé à identifier, étant donné la variété des doctrines : s'agit-il de conditions de possibilités transcendantales comme chez Kant, de genèse empirique comme chez Locke ou Hume... ? Est-il certain, par ailleurs que l'idée de solution reçoive le même sens en philosophie qu'en science ? Pour certains, comme Deleuze ou Meyer, si les problèmes scientifiques peuvent être résolus, les problèmes philosophiques ne peuvent être, tout au plus, qu'élucidés [1].

Du point de vue philosophique précisément, le cadre peut s'interpréter comme *le plan d'immanence qu'élabore chaque philosophie* d'où émergent ses intuitions fondamentales et ses personnages conceptuels. Le plan – dit Deleuze – n'est pas un concept, mais l'image de la pensée, « l'image qu'elle se donne de ce que signifie penser, faire usage de la pensée, s'orienter dans la pensée » [2]. C'est en même temps une intuition ontologique. Chaque grande philosophie présuppose ainsi une image de la pensée et de l'être. Descartes fait de la pensée un voir et du monde un tableau. Lorsque le plan cartésien se modifie avec les Lumières, apparaissent d'autres présupposés. Les empiristes substituent la croyance à la connaissance et l'enquête à l'intuition. On change alors de personnage conceptuel. Le cartésien cherchait, tel un nouvel Archimède, un levier et un point d'appui pour soulever le monde, la tâche de l'Enquêteur empiriste ou pragmatiste sera désormais de chercher

1. Il existe de multiples voies pour distinguer problématique philosophique et scientifique et bien des auteurs s'y sont essayés (Gaston-Granger, Deleuze, Meyer). Nous ne visons ici qu'à donner une idée du cadre comme « genre ».
2. G. Deleuze, F. Gattari, *Qu'est-ce que la philosophie ?*, Paris, Minuit, 1991, p. 39-41.

à quelle condition une inférence peut être considérée comme légitime. C'est là toute la difficulté d'un dialogue entre philosophes. Si chaque philosophie trace son plan d'immanence, les questions et les réponses doivent sans cesse être traduites d'une langue dans l'autre, si bien que ce n'est pas seulement par leurs solutions ou leurs thèses que les philosophies diffèrent, mais bien par leurs manières spécifiques de poser et de construire les problèmes.

Fonctionnalité des éléments

Les éléments du problème sont des fonctions. Il n'y a pas de données, de conditions ou de solutions en soi. Tout dépend du contexte problématique dans lequel tel ou tel élément est inséré. Tout à l'heure, dans le problème des saisons, les solstices et équinoxes étaient considérés comme des données, des faits avérés. Mais il a bien fallu qu'un savant découvre qu'à certains moments, jours et nuits sont de durées égales et qu'à d'autres moments, le jour ou la nuit atteignent leurs durées maximales : solstices et équinoxes étaient alors des résultats d'observations. Un élément obtient ainsi un statut de fait lorsqu'on ne l'interroge plus et qu'il peut devenir alors donnée ou condition d'un autre problème. De même, l'inclinaison de la Terre sur l'axe de l'écliptique est une condition (ici un principe explicatif) lorsqu'on pose la question du pourquoi des saisons, mais cette condition une fois découverte peut devenir la donnée d'un nouveau problème astronomique.

Ces enchaînements problématiques permettent de décrire le développement scientifique : le fait qu'une solution à un problème (a) devienne la donnée, voire la condition d'un problème (b), ou encore soit remise en question en (c). La vie quotidienne et les métiers abondent également en enchaînements de ce genre. Quand Phileas Fogg entreprend son tour du monde en 80 jours il commence par préparer son voyage (problème de conception) définissant ainsi un itinéraire et des horaires censés lui permettre de réussir son pari. Cette solution, une fois trouvée devient une condition dans le problème de l'effectuation du voyage, dans la mesure où le voyageur tente de respecter les horaires et de suivre son itinéraire, ce qui n'est pas toujours possible. Wittgenstein avait bien perçu cette mobilité fonctionnelle des éléments du problème. *La même proposition, disait-il, peut être traitée comme à vérifier dans un tel contexte et comme une règle de vérification dans un autre*[1].

Il en est de même pour les modalités des éléments. Attribuer aux conditions un caractère de nécessité et aux données un caractère de contingence ne signifie pas que ces éléments sont nécessaires ou contingents dans l'absolu. C'est bien la manière dont le problème est conçu qui confère à tel ou tel élément un caractère de nécessité ou de contingence. Pour Robinson, il est absolument nécessaire que sa pirogue soit d'une capacité suffisante pour contenir des vivres pour un long voyage. Ce n'est aucunement une nécessité pour toutes les pirogues. Certaines conditions sont certes plus générales (flottabilité, sûreté), mais elles sont tout de même relatives à un type bien spécifique de problème, la construction d'une embarcation. En astronomie, l'inclinaison de la Terre sur l'axe de l'écliptique est une condition nécessaire de la formation des saisons. Toutefois, si l'astrophysicien se pose le problème de la formation de la galaxie, le fait

1. L. Wittgenstein, *De la certitude, op. cit.*, p. 95, 97, 98, 211.

que la Terre soit inclinée sur l'axe de l'écliptique devient une donnée à expliquer, un fait contingent, car les choses auraient pu se passer tout autrement à la formation de l'univers.

UNE PENSÉE QUI SE SURVEILLE

La problématisation est un processus doté de réflexivité. Pour en apprécier toutes les dimensions, il faut faire un détour par la pensée bachelardienne de la *Formation de l'esprit scientifique* et surtout du *Rationalisme appliqué*. Nous pensons que la manière dont Bachelard décrit la problématisation scientifique peut, *mutatis mutandis*, convenir pour toute problématisation.

Une pensée dialoguée

Examiner une question suppose un dédoublement de la pensée. « Penser, c'est précisément placer l'objet devant le sujet divisé »[1]. Freud avait bien conçu cette division du moi, mais il n'y voyait qu'un fait névrotique, qu'un fait de censure. Bachelard distingue rigoureusement, au contraire, *censure et surveillance intellectuelle de soi.* Pour lui, le dédoublement du « je pense » constitue un phénomène normal de la vie de l'esprit. Déjà dans le moindre calcul – dit-il – je me juge calculant. Calculer c'est effectuer plus ou moins mécaniquement une opération, mais, également surveiller la procédure utilisée et contrôler la vraisemblance du résultat.

Dans les exemples de problématisation étudiés plus haut, on retrouve bien cette instance de surveillance. Phileas Fogg préparant son voyage doit contrôler la

---

1. G. Bachelard, *Le Rationalisme appliqué, op. cit.*, p. 63.

pertinence des données au regard des conditions et éliminer les réseaux trop longs, les correspondances trop aléatoires et les attentes trop importantes entre deux véhicules. Ce n'est sans doute pas du premier coup qu'il parvient à calculer l'itinéraire optimal. Il fait plusieurs essais et compare ces différentes hypothèses selon le critère de rapidité. Les conditions précisent le but, président aux choix des données et les contrôlent. Mais inversement, la sélection des données est ce qui permet d'affirmer que le projet est réalisable. Il se pourrait bien en effet que les réseaux maritimes ou ferroviaires ne soient pas continus ou que les véhicules ne soient pas assez rapides. Il y a donc *une dialectique entre rationalisme et réalisme*. Dans le problème scientifique des saisons, il s'agit de trouver le principe explicatif, la condition de possibilité du phénomène. Ici ce sont les données empiriques qui permettent de trancher entre les différentes conditions possibles, par exemple celle de la variation de distance Terre / Soleil ou celle de l'inclinaison de la Terre sur son axe. L'enquête se termine lorsque s'impose la conscience de nécessité. Non seulement les choses se passent comme cela, mais étant donné ce que nous savons, elles ne peuvent pas se passer autrement.

Réagissant contre le positivisme, Bachelard affirme que *la modalité de la pensée scientifique n'est pas l'assertorique, mais bien l'apodictique*. Il ne s'agit plus simplement de constater des faits, mais de comprendre pourquoi ils sont ce qu'ils sont et ne peuvent être autrement. Ce n'est possible que par une « philosophie dialoguée » qui articule un corps théorique, c'est-à-dire un ensemble de raisons ou de conditions dans un cadre paradigmatique déterminé et un ensemble de faits empiriquement précisés. En physique dit Bachelard, il n'y a plus d'expérience pour voir. L'expérimentation se voit surveillée par un cadre théorique qui anticipe ses résultats. Et si un fait non prévu se présente, il ne recevra un statut scientifique qu'intégré dans la théorie, laquelle aurait pu, aurait dû le prévoir. Toute pensée scientifique se dédouble ainsi entre « pensée consciente du fait de penser et pensée consciente de la normativité de pensée »[1]. Or c'est bien la forme problème qui permet de dépasser l'empirisme et le positivisme. Pour Bachelard, la notion de problème est désormais aussi nette en physique qu'en mathématique.[2] Les résultats du physicien sont en réalité des conclusions.

Comment rendre compte du *cogito* scientifique et par extension du *cogito* de la problématisation ? La problématisation s'accomplit superlativement dans la démarche scientifique, mais elle sous-tend également toute pensée rationnelle et constitue la forme selon laquelle l'expérience se contrôle elle-même. Naturellement, cette expérience se diversifiera selon les domaines : les sciences, la philosophie, les arts, les métiers... Mais le présupposé du paradigme de la problématisation est qu'on peut en extraire un *schème commun, le schème de l'enquête*, selon la terminologie de Dewey.

Le cogito de la problématisation

C'est le *cogito* bachelardien qui exprime le mieux ce schème commun, même si Bachelard entendait le réserver à la pensée scientifique. Il s'agit d'un *cogito* non-cartésien pour quatre raisons au moins. Chez

1. G. Bachelard, *Le Rationalisme appliqué, op. cit.*, p. 25.
2. *Ibid.*, p. 120.

Descartes, le *cogito* était un acte d'intuition impliquant l'unité de la conscience, dans une image de la pensée comme voir, avec comme critère l'évidence, c'est-à-dire la clarté et la distinction de l'idée. Pour une pensée de la problématisation, toute évidence est suspecte. C'est pourquoi le *cogito* bachelardien est un acte discursif qui suppose la dualité de l'esprit dans une pensée questionnante. Le *cogito* cartésien visait à s'assurer d'un savoir déjà là, celui de Bachelard vise la recherche ou l'invention : c'est un *eurêka*. Descartes exerçait un doute qui se voulait intégral, Bachelard ne propose qu'un doute local dans un espace problématique bien délimité. Enfin, le doute cartésien se cantonnait à l'assertorique, au vrai et au faux, tandis que le doute bachelardien opère une dialectique de l'apodictique et de l'assertorique, comme nous l'avons vu.

Le *cogito* bachelardien se formule ainsi : « je pense que tu vas penser ce que je viens de penser si je t'informe de l'évènement de raison qui vient de m'obliger à penser en avant de ce que je pensais »[1]. Décomposons cette formule qui évoque un dialogue entre deux chercheurs. Soit la controverse entre Simplicio et Salviati dans le *Dialogue sur les deux grands systèmes du monde* de Galilée[2]. Il s'agit de la question du mouvement de la Terre. Et plus précisément : comment se fait-il que, si la Terre se meut, nous ne percevions pas ce mouvement ? À une étape de la discussion, Simplicio reprend l'argument d'Aristote : une pierre lancée du haut d'une tour tombe

---

1. *Ibid.*, p. 58.
2. G. Galilée, *Dialogue sur les deux systèmes du monde* (1632), trad. fr. R. Fréreux et F. de Gandt, Paris, Le Seuil, 2000.

en ligne droite au pied de l'édifice. Si la Terre se mouvait, sa chute devrait être déviée.

Il y a en réalité trois opérations dans l'argumentation de Simplicio : a) il établit la réalité du fait ; il en appelle à l'expérience : effectivement la pierre en tombant, rase la muraille sans s'en écarter et percute le sol juste en dessous de l'endroit d'où on l'a lancée ; b) ce fait l'oblige à faire l'hypothèse de l'immobilité de la Terre ; c) cette inférence repose sur un argument *a contrario* : si la Terre se mouvait, la chute de la pierre serait déviée. Cet ensemble (faits et arguments), qui constitue un « évènement de raison », permet à Simplicio d'anticiper l'accord de Salviati. Le premier trajet argumentatif (trajet 1, en traits pleins sur le schéma ci-dessous) peut donc se formuler ainsi : ce que je viens de penser, moi Simplicio, ce que l'élève en moi vient de trouver, le maître en moi (sous l'autorité d'Aristote) te le propose, à toi, Salviati, mon disciple, pour que le maître qui est aussi en toi puisse en juger, comme j'en juge en te l'enseignant.

Pourquoi parler ici d'élève et de maître ? C'est que Bachelard conçoit la réflexivité de la problématisation *sous le schème de l'École*. Il y a là comme une sécularisation de l'idée de maître intérieur d'Augustin : « En forçant un peu les personnages et en soulignant l'importance de l'instance pédagogique, je peux dire que je me dédouble en professeur et écolier »[1]. Bachelard peut faire ainsi de l'École et du rapport maître / disciple, la structure même de l'esprit, la condition de possibilité de la pensée. *Il porte l'École au niveau transcendantal !* Autrement dit, je ne peux être maître ou disciple d'un autre sujet que parce que je suis moi-même, tour à tour, maître et disciple de moi-même.

1. G. Bachelard, *Le Rationalisme appliqué, op. cit.*, p. 26.

Ici, Simplicio enseigne Salvati. Pour Bachelard, enseigner n'est pas simplement communiquer un savoir déjà là. L'acte d'enseigner s'avère intimement lié à la conscience de savoir, c'est encore la meilleure façon d'apprendre, de s'assurer de son propre savoir. Dans le dialogue, « les savants vont à l'école les uns des autres »[1], ce sont d'éternels écoliers.

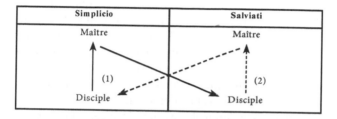

Que répond Salviati à Simplicio? Que son argument n'est pas probant et qu'on observerait le même phéno-mène dans l'hypothèse de la rotation de la Terre. En réalité, le fait que la pierre tombe au pied de la tour sans être déviée ne prouve ni l'immobilité de la Terre ni son mouvement. Le trajet argumentatif de Salviati vers Simplicio (trajet 2 en pointillé) se décompose, à son tour, en trois opérations : a) Salviati accepte le fait décrit par Simplicio : en effet la pierre tombe sans déviation; b) il en rejette la conclusion : le phénomène serait le même si la Terre se mouvait; c) car la pierre serait alors animée d'un mouvement composé, à la fois de translation et de chute, ce que ni Simplicio ni son maître Aristote ne peuvent concevoir.

Que nous enseigne cet exemple? Le *cogito* cartésien était un acte solitaire, Bachelard dessine au contraire une

1. G. Bachelard, *Le Rationalisme appliqué*, *op. cit.*, p. 23.

dialectique du « je » et du « tu », caractéristique de la science moderne, œuvre collective s'effectuant dans un dialogue entre chercheurs. Il s'agit donc de construire « un atome de communion rationnelle »[1]. Bachelard le qualifie « d'induction mutuelle obligatoire ». L'induction est à prendre ici à la fois au sens logique (une vérité qui se propage) et au sens physique (un courant qui passe d'une bobine à l'autre). Cette induction joue dans les deux sens : du « je » au « tu » et du « tu » au « je ». Toutefois, il ne s'agit pas de persuader l'autre, mais de le convaincre : on n'échange pas des opinions, mais des raisons. L'important n'est pas le consensus, mais la manière de l'obtenir. Ce qui structure cette communion rationnelle est en réalité l'enseignement mutuel. Dans l'enseignement mutuel, les interlocuteurs interrogent leurs thèses, redressent leurs erreurs dans un acte de correction fraternelle, collaborent à la position et à la résolution d'un problème, se confirment le bien-fondé de leurs solutions. Ils sont tour à tour, maîtres et disciples les uns des autres. Mais l'induction mutuelle obligatoire implique l'idée d'un impératif théorique qui ne peut valoir pour l'autre que s'il s'impose d'abord à moi. Le *cogito* bachelardien n'est pas un *cogitamus* au sens où il créerait une totalité supérieure qui engloberait ma conscience et à laquelle je devrais m'abandonner. Le dialogue rationnel n'a de sens que si chaque interlocuteur maintient sa propre vigilance. La communion rationnelle n'est donc que l'extériorisation et le renforcement de l'instance critique interne à chaque conscience individuelle. C'est par là que le nous rationnel se distingue d'un nous affectif et social qu'il soit de contagion, d'imitation ou de compromis.

1. G. Bachelard, *Le Rationalisme appliqué*, *op. cit.*, p. 56.

Qu'est-ce qui fait l'unité de cette communion rationnelle ? Ou plutôt, quel type d'objet peut bien correspondre au dialogue du maître et du disciple ? Pour Bachelard, il ne peut s'agir d'une intersubjectivité de simple constatation, comme lorsque deux sujets se confirment l'un à l'autre qu'ils ne rêvent pas, qu'ils voient bien ce qu'ils voient. Plus généralement, l'objet de la communion rationnelle ne peut être un objet donné, car celui-ci ne renverrait qu'à la modalité de l'assertorique, du factuel : nous voyons qu'il en est bien ainsi ! On a affaire ici à des « évènements de raison », à un mixte de données et de conditions, c'est-à-dire à une problématique. On saisit donc la quadruple fonction du problème dans le *cogito* : (a) il nous garantit que nous parlons bien de la même chose ; (b) il opère l'articulation des faits et des raisons ; (c) il fait le lien entre le connu et l'inconnu, c'est le « sommet actif de la recherche »[1] ; (d) il est conscience, non pas d'un avoir commun figé et définitif, mais d'un revenu commun, c'est-à-dire d'un avenir de confirmation mutuelle.

Certes Simplicio et Salviati ont encore beaucoup de chemin à faire pour trouver un accord qui ne soit pas un simple compromis, mais bien une communion rationnelle. Peut-être même n'y arriveront-ils jamais. Toutefois leur dialogue n'a de sens que dans l'horizon d'une « union des intelligences »,[2] car « c'est du " tu " que me vient la preuve de la fécondité de ma propre pensée »[3].

---

1. G. Bachelard, *Le Rationalisme appliqué*, *op. cit.*, p. 57.
2. *Ibid.*, p. 56.
3. *Ibid.*, p. 59.

Problématisation et argumentation

Le *cogito* de la problématisation est discursif, il relève donc d'une discussion avec soi-même ou avec d'autres et suppose l'argumentation.

Dans le dialogue entre Simplicio et Salviati, on part d'une question générale : oui ou non la Terre est-elle en mouvement dans l'univers ou est-ce l'univers qui tourne autour de la Terre ? Pour traiter le problème, on évoque diverses expériences. Les accords ou désaccords peuvent porter sur les faits ou leurs significations. Dans le cas de la tour, les corps tombent à la verticale de leur point de chute, sans déviation. C'est un fait accepté par les deux interlocuteurs et qui devient alors une donnée du problème. Le désaccord porte sur la signification de ce fait puisque l'inférence que fait Simplicio au sujet de l'immobilité de la Terre n'est pas acceptée par Salviati. Au contraire, dans l'expérience de la pierre qui tombe du haut du mât sur le navire en mouvement, il y a désaccord sur le fait : Simplicio pense que la trajectoire sera déviée dans le sens inverse de la marche du bateau et que la pierre tombera à sa poupe, voire en arrière, dans l'eau. Salviati pense, au contraire, qu'elle tombera à la verticale de son point de lancement, que le bateau soit en mouvement ou à l'arrêt. D'où le principe de relativité galiléenne : la pierre est immobile par rapport au bateau, le système pierre-bateau étant lui-même emporté par le mouvement de la Terre.

On peut tirer plusieurs remarques de ce débat, schématisé pour les besoins de la cause. D'abord, *données et conditions ont le statut d'arguments dans la discussion*. Pour Simplicio, l'immobilité de la Terre est la condition de possibilité de la chute sans déviation des objets lancés d'un point haut quelconque. Ce que nie Salviati, en montrant par d'autres exemples qu'on peut expliquer autrement l'absence de translation apparente. Pour lui, il n'y a aucun moyen de savoir si le bateau ou la Terre elle-même se déplace à moins de faire référence à un objet extérieur, pris comme repère.

Deuxième remarque, cette conclusion négative fait apparaître, par contrecoup, le présupposé de l'argumentation de Simplicio, qui est celui même d'Aristote et qui tient à sa conception du mouvement. Si chaque corps recherche son lieu naturel lorsqu'il en est détourné artificiellement (une pierre qu'on lance en l'air ou qu'on laisse tomber du haut d'une tour), alors un corps ne peut être soumis à deux mouvements à la fois. Le principe de la composition du mouvement apparaît pourtant à Salviati comme la condition qui seule peut rendre compte des phénomènes.

Comme on le voit, le bénéfice de la problématisation (du moins de la problématisation scientifique) ne se réduit pas à la solution du problème, qui est d'ailleurs ici une solution négative : des expériences évoquées on ne peut conclure à l'immobilité de la Terre, ni d'ailleurs à son mouvement. Il se situe plutôt dans les principes que Salviati utilise, celui de composition des mouvements et celui de relativité qui joueront un grand rôle dans la physique moderne. La recherche d'une solution oblige en effet quelquefois à modifier les outils intellectuels dont on dispose, à découvrir de nouveaux principes et ce gain d'intelligibilité peut, dans bien des cas, s'avérer plus important que la réponse que l'on cherchait.

Les obstacles à la problématisation

Problématiser est difficile. D'abord en fonction des objets à problématiser. La science est contre-intuitive. Nous projetons sur les choses nos valorisations imaginaires. Nous rêvons avant de penser. D'où l'idée d'obstacle épistémologique chez Bachelard et l'appel à une psychanalyse de la connaissance[1]. Mais Bachelard décrit également *des obstacles spécifiques à la démarche de problématisation elle-même*. Il le fait en une formule lapidaire et quelque peu énigmatique : « nous nous souvenons à une dimension, nous comprenons à deux dimensions, nous possédons à trois dimensions »[2]. Qu'est-ce à dire ?

Le souvenir est unidimensionnel, car il fait appel à la mémoire empirique qui procède par accumulation sans faire jouer la dialectique des faits et des normes, des données et des conditions. Ainsi peut-on réciter sa leçon par cœur sans la comprendre. Plus généralement, Bachelard évoque ce qu'on pourrait appeler la « *pensée plate* ». C'est celle qui est à l'œuvre quand l'inventaire se substitue au diagnostic, la liste à l'argumentaire, l'énumération à la synthèse. La pensée plate se meut dans l'horizontalité. Elle peut bien singer la problématisation et déployer un semblant de questionnement, quelquefois même de manière foisonnante, mais elle reste impuissante à dresser une verticalité c'est-à-dire à dissocier données et conditions et à les articuler. À l'emprise de cette pensée plate, Bachelard oppose *une conception de la culture comme élimination progressive de la contingence*

1. Voir M. Fabre, *Bachelard et la formation de l'homme moderne*, Paris, Hachette, 2001.
2. G. Bachelard, *Le rationalisme appliqué, op. cit.*, p. 61-62.

du savoir. Dans un esprit cultivé, ou en culture continuée, les informations s'enchaînent à des raisons et les thèses apparaissent comme des solutions aux problématiques qui les fondent[1]. C'est une telle culture que Bachelard souhaite pour l'école, une école qui aurait précisément le sens du problème.

Les obstacles vont toujours par paires et on court le risque, en voulant fuir la pensée plate, de tomber dans la pensée à « trois dimensions ». Bachelard pense ici aux représentations plus ou moins figuratives du réel telles que les sphères armillaires ou même les modèles mécaniques de l'atome qui le décrivent comme un système planétaire. Ces représentations sont sans doute utiles, mais dangereuses aussi, car elles donnent l'impression que voir c'est comprendre. Ici, le « triomphe de la description » fige le processus de problématisation[2]. D'une telle compulsion à représenter qui anime l'empirisme de la vulgarisation, on peut dire qu'elle veut trop embrasser pour pouvoir étreindre. Ce qui renvoie, pour Bachelard, à l'imaginaire du collectionneur qui veut posséder les choses mêmes. Comme si posséder était synonyme de comprendre! Ou comme s'il y avait quelque intérêt à agrandir la carte aux dimensions du territoire!

C'est Flaubert qui, dans son *Bouvard et Pécuchet*, illustre le mieux ces deux obstacles à la problématisation. Dans leur quête éperdue de savoirs, les deux compères accumulent des données dans la plus grande confusion entre l'essentiel et l'accessoire, montrant une véritable fascination pour l'exactitude quantitative dans le dérisoire et les détails les plus infimes. Voulant écrire la

---

1. G. Bachelard, *Le Rationalisme appliqué, op. cit.*, p. 14.
2. *Ibid.*, p. 62.

vie du duc d'Angoulême, ils se heurtent à cette question capitale : oui ou non le duc avait-il les cheveux crépus ? Inversement, ils rêvent d'épuiser le sujet, de le condenser en une narration « qui serait comme un raccourci des choses, reflétant la vérité tout entière »[1]. Ces exemples caricaturaux ne doivent pourtant pas abuser. En réalité, nous sommes tous exposés à ces obstacles symétriques qui bloquent la problématisation, laquelle est une pensée bi-dimensionnelle. C'est pourquoi, par exemple, une problématique philosophique exige de faire appel à des critères de type définitionnel ou judicatif pour dépasser la description ou l'opinion. Dans le *Ménon*, Socrate établit que pour trancher la question de savoir si la vertu peut s'enseigner, il faut examiner préalablement ce qu'est la vertu, faute de quoi on en reste, comme Ménon, à l'énumération d'exemples de vertu sans chercher ce qui leur est commun. Dans les dialogues platoniciens, la quête de l'essence, qui peut d'ailleurs rester aporétique comme dans le *Ménon*, doit s'interpréter comme la tentative de dépasser et la pensée plate et la pensée à trois dimensions, la reproduction du réel.

Bachelard voit, quant à lui, dans les coordonnées cartésiennes et le tableau de Mendeleïev, les exemples les plus féconds d'une pensée bidimensionnelle. Les coordonnées cartésiennes ne reproduisent pas le réel, mais le schématisent à tel point – dit Bachelard – que l'axe des abscisses devient « le représentant de commerce de tout l'espace »[2]. Autrement dit, il n'y a pas de problématisation sans l'acceptation d'une schématisation

---

1. G. Flaubert, *Bouvard et Pécuchet*, Paris, Le livre de poche classique, 1999, p. 181.
2. G. Bachelard, *Le Rationalisme appliqué*, *op. cit.*, p. 62.

fonctionnelle du réel qui le réduit pour le rendre intelligible. Telle est la véritable abstraction constructive de la science qui n'a rien à voir avec l'abstraction du sens commun qui croit toujours qu'il y a moins dans l'abstrait que dans le concret. De même, le tableau de Mendeleïev n'est ni une maquette ni une liste, mais précisément un outil intellectuel à la fois récapitulatif et heuristique. Il permet non seulement d'ordonner le savoir déjà là, mais d'anticiper les découvertes futures.

Le tableau des éléments, les coordonnées cartésiennes, sont bien des formes-problèmes, pourrait-on dire, dans la mesure où les informations qu'ils explicitent et ordonnent permettent la définition de données et de conditions et donc la construction de problèmes.

Les degrés de réflexivité

L'apport de Bachelard au paradigme de la problématisation est donc de fournir un certain nombre de concepts pour appréhender la réflexivité de la pensée problématisante et sa normativité. Cette réflexivité peut cependant comporter plusieurs niveaux selon le statut accordé aux conditions du problème, ce que Bachelard appréhende avec l'idée d'un *cogito* exponentiel : attente d'un phénomène précis dans une expérimentation (*cogito* 1) application d'une méthode (*cogito* 2), questionnement de la méthode (*cogito* 3)... [1].

En effet, dans certaines problématisations, les conditions ne constituent qu'un ensemble de règles d'action qui guident la recherche de solution. Et ce qui est

---

1. *Ibid.*, p. 70-80. La psychologie cognitive distingue également des niveaux de contrôle emboîtés. Voir J.-M. Hoc, *Supervision et contrôle de processus. La cognition en situation dynamique*, Grenoble, P.U.G, 1996.

exigé du sujet, c'est seulement qu'il prenne en compte ces règles et les applique au mieux. Cela peut certes s'avérer très difficile et la situation peut se montrer très complexe, mais cela n'oblige pas le sujet à questionner les conditions sur leur bien-fondé, voire à inventer des conditions nouvelles. Tel est le cas de Phileas Fogg qui prépare son voyage. Il s'agit ici de sélectionner des données d'après un ensemble de règles qui détaillent les conditions. Dans d'autres cas cependant, le sujet peut être amené à travailler les conditions. Dans une enquête, le détective peut avoir à trancher des conflits d'interprétations reposant sur des tensions entre conditions. Que faire si le suspect, qu'un témoin prétend avoir vu sur les lieux et à l'heure du crime, peut néanmoins présenter un *alibi* attesté par d'autres témoignages ? L'imagination technologique requiert également de régler des conflits de conditions ou de hiérarchiser ces conditions à l'aide d'une fonction d'évaluation : comment concevoir un prototype d'automobile qui concilie les normes de sécurité, les impératifs de confort et les nécessités d'économiser le carburant ? Simondon appelait « concrétisation » le fait, pour les solutions techniques, de réussir l'intégration de fonctions différentes, voire à première vue opposées. Ainsi le cylindre à ailettes des moteurs de motocyclettes satisfait-il à la fois aux impératifs de refroidissement et de solidité [1]. Enfin dans certains problèmes, il faut découvrir ou inventer les conditions. On l'a vu avec le problème des saisons où il s'agissait de trouver un principe explicatif. Et que dire d'un exercice intellectuel, tel que la dissertation philosophique qui demande d'élaborer

---

1. G. Simondon, *Du mode d'existence des objets techniques* (1958), Paris, Aubier-Montaigne, 2001.

une problématique c'est-à-dire en définitive d'inventer des critères d'évaluation des thèses, donc des solutions possibles ?

Enfin, il est des cas où les conditions ne sont plus considérées seulement comme des outils de résolution du problème. Elles deviennent des objets de pensée en elles-mêmes et pour elles-mêmes : elles sont thématisées. C'est la différence entre le procédé qu'invente Thalès pour mesurer la hauteur des pyramides et le théorème de Thalès dans les *Éléments* d'Euclide. L'ingénieur Thalès utilise un rapport de proportionnalité entre deux triangles semblables. Le premier se compose de la pyramide, de son ombre et d'une hypoténuse imaginaire. Le second d'un bâton planté, de son ombre et, de nouveau, d'une hypoténuse virtuelle qui joint le sommet du bâton à l'extrémité de l'ombre. À l'instant « t », les rapports des objets (la pyramide, le bâton) à leur ombre respective seront proportionnels. Chez Thalès, la condition de proportionnalité est un outil. Chez Euclide, on la thématise. La similitude des triangles devient alors un cas particulier d'une proposition beaucoup plus générale que formule Le livre des *Éléments* (Livre XI, Proposition XVII) : « si deux droites sont coupées par des plans parallèles, elles sont coupées proportionnellement ». Le procédé de Thalès se voit alors décontextualisé et incorporé à un système axiomatisé. On passe du problème au théorème, ce qui permet de gagner en puissance heuristique puisque le théorème d'Euclide va permettre de construire et de résoudre nombre de problèmes qui n'auront plus rien à voir avec la mesure de la hauteur des pyramides et autres objets inaccessibles.

On pourrait poursuivre le processus de formalisation et questionner les propriétés de la similitude ou celles de la proportionnalité. L'essentiel, pour nous, est d'esquisser un continuum entre les cas dans lesquels : a) la régulation du processus s'opère simplement par l'application d'un ensemble de règles d'action (on pourrait alors parler de *problémation*) ; b) ceux dans lesquels le sujet doit *questionner les conditions* du problème parce qu'elles sont en tensions, voire se contredisent ; c) les cas où l'on doit *découvrir ou inventer les conditions* ; d) les cas de *thématisation* où l'on prend les conditions elles-mêmes pour objet. Les bornes de ce processus réflexif sont respectivement les routines qui n'exigent pas de prise de conscience pour s'exercer et la formalisation.

Le cas de la thématisation est intéressant du point de vue épistémologique et pédagogique, car le théorème occulte les problèmes qu'il permet de résoudre tout en constituant un outil d'un niveau d'abstraction supérieur, ce qui élargit la base des problèmes qu'il peut traiter. *L'école est le lieu où peut s'exercer cette dialectique du problème et du théorème.* On peut comprendre que, dans l'exemple de Dewey, la formation des bulles de savon qui entrent et sortent des verres tirés d'une savonnée chaude ait quelque chose à voir avec la température et la pression des gaz. Mais c'est tout autre chose d'étudier pour elle-même la loi de Mariotte en manipulant l'équation aux limites et d'élargir ainsi singulièrement son expérience, puisque la loi ainsi comprise permettra sans doute la résolution d'une foule de problèmes qui n'auront plus rien à voir avec ceux de bulles de savon.

Depuis les Grecs, l'épistémologie oppose l'entrée par les problèmes et l'entrée par les théorèmes. Mais pédagogiquement, il importe sans doute, comme l'a montré Bachelard, d'effectuer un va-et-vient entre le problème qui donne sens au théorème et le théorème qui lui confère sa signification scientifique et sa puissance heuristique.

LA DIMENSION HEURISTIQUE

L'idée de problématisation intervient dans une image de la pensée comme recherche. Il y a un lien essentiel entre savoir, problème et démarche d'investigation.

Problématisation et inférence

C'est pourquoi les philosophies du problème relient généralement le paradigme de la problématisation à celui de l'inférence. Si penser c'est problématiser, alors c'est interpréter des indices (Dewey), se risquer du visible à l'invisible, d'aujourd'hui à demain, faire des abductions (Peirce), des anticipations rationnelles (Bachelard). La puissance et la fécondité des mathématiques ne résident-elles pas précisément dans une formidable anticipation, que Galilée ou Descartes exprimèrent chacun à leur manière : la nature est écrite en langage mathématique, tout n'est que figures et mouvements ? Heidegger nous rappelle que les Grecs appelaient « *Tà mathemata* », ce que l'on peut connaître d'avance quand on entre en relation avec les choses [1]. Évidemment, bien des possibilités d'anticipation tiennent au cadre du questionnement qui, on s'en souvient, détermine à l'avance les conditions générales d'acceptabilité de la réponse, dans un genre donné (philosophique, scientifique...) et dans un plan d'immanence ou un paradigme déterminé.

---

1. M. Heidegger, « L'époque des conceptions du monde » dans *Chemins qui ne mènent nulle part*, trad. fr. W. Brokmeier, Paris, Gallimard, 1962, p. 71.

Cette structure anticipatrice est généralement pensée, dans l'histoire de la philosophie, comme innéité ou a *priori*. C'est pourquoi, les philosophes de la problématisation (aussi bien Dewey que Bachelard, Deleuze ou Meyer) s'en prennent à la théorie platonicienne de la réminiscence exprimée dans le *Ménon* et pour laquelle, la recherche étant considérée comme impossible, savoir c'est finalement se souvenir. Ils y voient un refoulement de l'idée de problème qui pèsera sur les philosophies de la connaissance ultérieures. Nous ne pouvons connaître, dira Kant, que parce que nous imposons aux choses la structure de notre esprit. Mais, comme le souligne Meyer, la théorie kantienne de la connaissance se meut dans l'indifférence problématologique[1]. Elle ne joue pas sur la distinction question / réponse et relève finalement de la réminiscence. C'est pourquoi elle est si peu heuristique. Kant privilégie en effet la justification par rapport à la découverte. La déduction transcendantale des catégories entend rendre compte de l'objectivité de la représentation, mais ne peut expliquer la dynamique de la science. Chez Kant, l'articulation de la forme et de la matière dans la connaissance, autrement dit l'imposition des catégories (unité, pluralité, causalité...) aux phénomènes dans le jugement, reste statique et ne prend jamais l'aspect d'une démarche d'enquête. C'est bien ce que lui reprochera Dewey. Pourtant Kant cherche bien à expliquer l'articulation des idées et des faits dans la connaissance par la doctrine du schématisme[2]. Le schématisme transcendantal est en effet l'activité

1. M. Meyer, *Pour une critique de l'ontologie*, chap. III, Éditions de l'Université de Bruxelles, 1991.
2. E. Kant, *Critique de la Raison pure* (1787), trad. fr. A. Tremesaygues et B. Pacaud, Paris, P.U.F, 2012, p. 150-156.

d'une imagination productrice (et non reproductrice) qui produit des schèmes, c'est-à-dire des intermédiaires entre les images (sensibles) et les concepts (intelligibles) dans leur milieu commun qui est le temps. Il y aura donc autant de schèmes que de catégories. À la catégorie de la quantité correspondra celle du nombre ou de la réitération indéfinie, à celui de la causalité, celui de la succession des phénomènes selon une règle, etc. La doctrine kantienne du schématisme aurait ainsi pu donner lieu à une véritable problématologie si l'on avait posé la question de la dynamique de la science : comment, à partir des schèmes se construisent les catégories de l'entendement ? Ce sera la voie de Dewey et plus tard de Piaget. Mais la question kantienne est autre. Elle porte sur les conditions de possibilité *formelles* de la connaissance et non sur ses conditions de possibilités *réelles*. Kant distingue en effet rigoureusement la déduction transcendantale de la déduction empirique qui « ne concerne pas la légitimité du concept, mais le fait d'où résulte sa possession »[1]. Mais précisément, cette distinction interdit de penser une troisième voie qui serait celle d'une épistémologie de la découverte ou de l'invention. On a donc, d'un côté, les conditions de possibilités purement formelles de la connaissance et de l'autre des faits de connaissance qui relèvent de l'histoire ou de la psychologie. Seule la justification relève d'une étude épistémologique. *La découverte ou l'invention ne sont que des questions factuelles.* Le décor de la philosophie des sciences est désormais planté : dé-contextualisation du savoir, scotomisation du problème

---

1. M. Meyer, *Découverte et justification en science*, Paris, Klincksieck, 1979, p. 82.

et privilège de la justification. Tout se passe comme si le jugement possédait, en lui-même et par lui-même, une signification épistémologique, indépendamment de tout questionnement.

L'impasse du propositionnalisme

Cette image de la pensée, on peut la qualifier, avec Michel Meyer, de propositionnaliste en désignant par là le présupposé qui sous-tend la représentation dominante du savoir, d'Aristote à aujourd'hui. Les logiciens font en effet de la proposition une entité isolable dont la fonction est de représenter le réel et ceci sans relation aucune au questionnement. Dire « ceci est du marbre », « Pierre est l'assassin » ; « l'eau bout à cent degrés »... c'est émettre des affirmations qui ne renvoient à aucune enquête, mais qui prétendent décrire le réel dans sa positivité. Dès lors que les jugements sont considérés comme des entités autosuffisantes, l'interrogation ne portera plus sur le fait de savoir à quoi ils peuvent bien répondre, mais exclusivement sur la question de leur validité logique, ou encore sur leur vérité ou fausseté. Pourtant, comme l'avait bien vu Collingwood,

> Un savoir ne consiste pas en propositions, en affirmations, en jugements, quel que soit le nom que les logiciens ont l'habitude d'utiliser pour désigner les actes assertoriques de la pensée... il consiste dans la synthèse de ces assertions avec les questions auxquelles elles sont censées répondre ; et une logique dans laquelle on se soucie des réponses et on néglige les questions est une fausse logique [1].

1. R. G. Collingwood, *An Autobiography*, cité dans M. Meyer, *Pour une critique de l'ontologie, op. cit.*, p. 35.

Popper l'avait bien compris qui, dans la conception de son « troisième monde », le monde des idées, se gardait bien de séparer les théories des problèmes auxquels elles répondaient et des controverses auxquelles elles donnaient lieu [1]. Isolées des problèmes et des controverses, ces théories perdent en réalité tout sens, si on prend précisément le terme de « sens » dans l'acception que lui donnait Deleuze et qui renvoie au problématique. Le propositionnalisme donne donc une image du savoir dans laquelle les propositions font oublier qu'elles constituent en réalité des réponses. C'est ce phénomène de *fétichisation* que la problématologie s'efforce de dévoiler

Ce sera l'œuvre de Dewey de remettre en mouvement ces propositions dans le cadre d'une logique originale, celle de l'enquête. L'enquête temporalise le jugement et fait apparaître la proposition, d'abord comme ce qui est *pro-posé* à l'examen dans un processus de recherche et ce qui n'apparaît ensuite que comme une conclusion provisoire. Dire « La Terre tourne autour du Soleil » n'est qu'une banalité si on sort cette proposition de son contexte scientifique et de ses enjeux philosophiques, si on la détache de l'enquête et des raisons qui l'ont finalement fait adopter. Dire « ceci est du fer » n'a de sens qu'au terme d'une série de tests où l'on a fait interagir « ceci » avec toute une série de corps physiques ou chimiques. La théorie de l'enquête de Dewey permet de penser *le caractère problématologique du savoir*, le fait qu'il soit réponse à un problème, le plus souvent occulté [2].

1. K. Popper, *La connaissance objective* (1972), trad. fr. J.-J. Rosat, Paris, Aubier, 1991.

2. J. Dewey, *Logique. La théorie de l'enquête* (1936), trad. fr. G. Deledalle, Paris, P.U.F, 1993.

C'est bien contre cette sorte de fétichisme épistémologique que constitue le propositionnalisme que s'élève également Bachelard *qui assigne au savoir trois dimensions complémentaires : génétique, heuristique et systématique.* Comprendre un concept, une théorie, c'est appréhender sa genèse historique (comment il a été conçu ?) et surtout rationnelle (quelle est la problématique à laquelle il répond et les raisons qui le fondent ?). C'est également mesurer sa puissance heuristique (les nouveaux problèmes dans lesquels il peut s'investir). C'est enfin intégrer ces réponses dans un système de questions et de réponses qui forment un « corps de savoir », comme la mécanique, l'électricité, le magnétisme. Il y a là une tâche pédagogique redoutable : comment garder aux savoirs à la fois leur consistance et leur saveur en les englobant dans l'aventure intellectuelle qui les produit et qui les fonde ?

Le propositionnalisme n'est toutefois lui-même que la perversion du mécanisme général d'enchaînement problématique déjà signalé et selon lequel la solution supprime le problème qu'elle résout, au point de le faire oublier comme tel, pour entrer comme élément dans d'autres problèmes. Si effectivement la question de savoir si c'est la Terre qui se meut autour du Soleil ou l'inverse ne se pose plus, parce qu'on a saisi les raisons qui ont mis fin à la controverse, alors cette réponse devient disponible pour d'autres contextes problématiques.

Penser la recherche

L'oubli des problèmes, qui trouve son expression logique dans le propositionnalisme, hante les théories de la connaissance.

Pas de science, sans problème! On en donnera une preuve *a contrario* dans l'effort quelque peu désespéré de Claude Bernard pour placer l'observation pure à l'origine de la recherche.[1] En science – dit Claude Bernard – on est comme à la chasse. On sait que le gibier s'y présente quelquefois par hasard. Il suffit alors de bien observer. Voyez ces lapins apportés du marché qui urinent sur la paillasse du laboratoire. Leur urine est claire et acide. Voilà qui est étrange! D'habitude l'urine des herbivores est trouble et alcaline. D'où l'idée : ces lapins sont à jeun. Mais alors, jeûner ne serait-ce pas utiliser ses propres réserves, se nourrir de son propre corps en quelque sorte? Donnons de l'herbe à manger à ces lapins et voyons ce qu'il advient.

Est-ce bien l'observation qui donne ici à penser, selon la thèse empiriste? Quel est donc ce *hasard* qu'invoque Claude Bernard? Qu'aurait vu la femme de ménage entrant dans le laboratoire? De l'urine répandue et la paillasse à nettoyer, probablement rien de plus. Il faut être Claude Bernard et travailler depuis vingt ans sur les questions de nutrition pour remarquer que ces herbivores-là urinent comme des carnivores et pour en tirer une hypothèse expérimentale. Le hasard n'est heuristique que pour celui qui peut le transformer en information. La démonstration de Claude Bernard s'autodétruit d'ailleurs quand il reconnaît lui-même que « quand on voit un phénomène *qu'on n'a pas l'habitude de voir*, il faut toujours se demander à quoi il peut tenir, ou autrement dit, qu'elle en est la cause prochaine »[2]. Il concède

---

1. C. Bernard, *Introduction à l'étude de la médecine expérimentale* (1865), Paris, Flammarion, 1984.
2. *Ibid.*, p. 216, 217.

d'ailleurs, au paragraphe suivant, qu'une recherche peut également commencer par une théorie, une hypothèse. Le positivisme n'est pas l'empirisme : il ne peut y avoir d'observation sans théorie préalable. Louis Legrand avait donc bien raison de combattre les résidus empiristes qui subsistaient sous le positivisme affiché de la fameuse « leçon de choses » qui régna en maîtresse pendant cent ans dans les écoles normales d'instituteurs et dans les classes primaires et qui, sous prétexte de valoriser les valeurs d'objectivité, se voulait une pédagogie de l'observation[1]. La démarche scientifique, objectait Legrand, est avant tout questionnement, recherche d'explication. Il faut donc, comme le voulait Dewey, que toute leçon soit une réponse à une question. On n'est pas loin de Bachelard pour qui c'est le sens du problème qui est la marque de l'esprit scientifique : « Pour un esprit scientifique, toute connaissance est une réponse à une question. S'il n'y a pas eu de question, il ne peut y avoir connaissance scientifique. »[2]

C'est bien ce sens du problème qui anime la démarche dite hypothético-déductive, comme celle du premier Popper, celui de la *Logique de la découverte scientifique*. Mais cette logique ne s'intéresse vraiment qu'à la justification et non à la découverte proprement dite qu'on abandonne au psychologique. Pour Popper, ce qui caractérise la démarche scientifique et ce qui la démarque d'autres disciplines comme le marxisme ou la psychanalyse, c'est la possibilité d'opérationnaliser les hypothèses et de les falsifier. Popper ne tient pas

1. L. Legrand, *Pour une pédagogie de l'étonnement*, Neuchâtel-Paris, Delachaux et Niestlé, 1960.

2. G. Bachelard, *La formation de l'esprit scientifique* (1938), Paris, Vrin, 1970, p. 14.

compte de ce qui vient avant les hypothèses et de ce qui les motive, à savoir la construction du problème. Tout se passe comme si la science procédait de réponse en réponse (des réponses réfutables, mais non encore réfutées), le questionnement restant dans l'ombre au motif qu'il n'y a pas de méthode pour inventer[1].

C'est toujours la même difficulté avec la problématisation : comment penser le problématologique, le savoir de la question, sans le rabattre sur l'apocritique, le savoir de la réponse ? On comprend pourquoi Dewey manifestait tant de réticences à qualifier sa démarche d'enquête d'hypothético-déductive. C'est que cette épistémologie ne pouvait que renvoyer l'enquête au psychologique et plus précisément à une psychologie de l'invention, alors que Dewey tentait précisément d'en élaborer la logique. C'est d'ailleurs le projet du pragmatisme de Dewey et de Peirce que reprendra Meyer en esquissant une logique de la découverte fondée sur la rhétorique de la métaphorisation et de la modélisation[2]. Par exemple, le fait d'appréhender les propriétés de la lumière à partir de celles, déjà connues, du son, ne peut se réduire à un processus psychologique, simplement factuel et à la limite irrationnel. La démarche est sous-tendue par une analogie, c'est-à-dire une logique « faible », d'ordre rhétorique. Et cette analogie fonctionnera bien, au moins au départ, puisqu'à chaque propriété du son correspondra une caractéristique de la lumière : à l'écho la réflexion, à l'intensité la clarté, à la hauteur la couleur.

---

1. Voir cependant l'œuvre ultérieure qui semble plus sensible à l'idée de problématisation : K. Popper, *Toute vie est résolution de problème. Questions autour de la connaissance de la nature*, Arles, Actes Sud, 1999.

2. M. Meyer, *Découverte et justification, op. cit.*

D'où la recherche d'un milieu de propagation des ondes lumineuses. Puisque le son ne peut se propager dans le vide, il faut chercher l'équivalent de l'air pour la lumière. Le fait que l'hypothèse de l'éther se soit révélée ultérieurement une impasse n'enlève rien à la fonction heuristique de l'analogie. C'est que le modèle n'est pas seulement, comme le voulait Pierre Duhem, un pense-bête ou encore un outil d'apprentissage ou d'exposition. C'est en réalité *un outil pour penser avec*, un outil pour inventer. Naturellement, l'utilisation d'un modèle connu pour penser l'inconnu n'est pas une opération de niveau apocritique (de l'ordre de la réponse). Elle reste du niveau problématologique. La métaphore, le modèle explicitent un problème et suggèrent des hypothèses, des pistes de recherche qui devront être, dans un second temps, critiquées et soumises à l'épreuve de l'expérience et de la justification. Toute la difficulté du niveau problématologique, que laissent dans l'ombre l'épistémologie de la justification et celle de la résolution de problème, concerne l'identification des traits significatifs ou encore *relevants* par rapport au contexte de l'interrogation. Nous sommes bien ici dans une logique du sens.

Lorsque le médecin Semmelweis s'interroge sur la fièvre puerpérale, il se demande ce qu'est cette maladie et qu'elle en est sa cause [1]. Qu'est-ce qu'une recherche de causalité ? Dire A (l'infection) est cause de B (la maladie), c'est dire que A est la bonne question à poser si l'on veut

---

1. C. G. Hempel, *Éléments d'épistémologie*, trad. fr. B. Saint-Sernin, Paris, A. Colin, 2012. On sait que Céline a fait de Semmelweis un véritable héros dans sa thèse de médecine de 1924. Voir L. F. Céline, *Semmelweis et autres écrits médicaux*, Paris, Gallimard, 1977.

avoir B comme réponse [1]. Mais la recherche de causalité dépend de la relevance, c'est-à-dire de l'établissement de relations pertinentes dans un ensemble : est-il raisonnable et selon quel degré de probabilité de relier tel élément à tel autre ? Parmi tous les faits connus de Semmelweis et se rapportant au contexte de la maladie, quels sont ceux qui pourraient concerner la fièvre puerpérale ? La mortalité est plus élevée chez les femmes hospitalisées que chez celles qui accouchent au domicile. La maladie aurait-elle un lien avec ce qui se passe à l'hôpital ? Dans l'hôpital général de Vienne, qui est un établissement universitaire, il y a deux services d'obstétrique. Dans l'un officient des étudiants en médecine, dans l'autre des futures sages-femmes. Or la mortalité est plus forte dans le service où travaillent des étudiants en médecine (13 %) que dans celui où sont formées les sages-femmes (3 %). Il semble donc pertinent de centrer le questionnement sur les différences entre ces deux services : la nourriture y est-elle la même ? La qualité des soins y est-elle de même niveau ?

C'est cela, *avoir une idée !* L'idée n'est pas encore l'hypothèse, mais consiste en une manière de constituer des séries et de les faire converger. Et si l'on comparaît les deux services, se demande Semmelweis. Gilbert Simondon nommait « transduction » cette onde de propagation qui fait cristalliser les séries de données, dans l'invention ou la découverte [2]. C'est seulement

---

1. M. Meyer, *De la problématologie*, Paris, P.U.F, 2008.
2. « Une opération, physique, biologique, mentale, sociale, par laquelle une activité se propage de proche en proche à l'intérieur d'un domaine, en fondant cette propagation sur une structuration d'un domaine opérée de place en place : chaque région de structure constituée sert à la région suivante de principe de constitution, si bien

quand on a reconnu la pertinence globale de l'idée que des hypothèses précises peuvent être tentées, mettant en relation la survenue de la fièvre puerpérale et telle ou telle différence constatée. Mais, pour le cas qui nous occupe, toutes ces hypothèses étant réfutées, il faudra attendre un accident pour que le domaine de pertinence du questionnement se resserre, pour que les séries anticipées cristallisent vraiment. En 1847, Kolletschka, professeur d'anatomie et ami de Semmelweis, se coupe en disséquant des cadavres et présente alors tous les symptômes de la fièvre puerpérale. Il en mourra d'ailleurs. Cet évènement suggère au chercheur une relation entre la matière cadavérique et la maladie. N'étaient-ce pas Semmelweis et ses étudiants qui contaminaient les patientes qu'ils soignaient en sortant de la salle d'autopsie ? Ce qui ne pouvait être le cas dans la clinique où œuvraient les futures sages-femmes dont les études ne comportaient pas de tels exercices de dissection. D'où une nouvelle hypothèse que semblait confirmer l'hygiène du lavage des mains, lequel faisait effectivement baisser spectaculairement la mortalité. La relation de causalité ne sera cependant connue que quelques dizaines d'années plus tard avec les travaux de Pasteur sur l'infection microbienne.

Cet exemple le montre par la négative, l'épistémologie de la démarche hypothético-déductive laisse dans l'ombre cette logique du sens qui va de la position du problème aux hypothèses et qui motive les hypothèses, lesquelles ne sont jamais gratuites.

qu'une modification s'étend ainsi progressivement en même temps que cette opération structurante ». G. Simondon, *L'individu et sa genèse physico-biologique* (1964), Paris, Jérôme Milion, 1995, p. 30.

CONCLUSION :
CONTRE L'IMAGE DOGMATIQUE DE LA PENSÉE

L'enjeu de la problématisation apparaît bien chez Gilles Deleuze[1] qui oppose problématologie et image dogmatique de la pensée. En bon disciple de Nietzsche, Deleuze s'efforce de cultiver une image de la pensée comme étonnement, ouverture à la nouveauté et à l'invention, foncièrement hostile à l'idée de sens commun : bref une pensée comme problématisation. Quels en sont les attendus ?

Pour la pensée commune, l'erreur constitue le seul négatif de la pensée. Ce postulat commande l'image sociale du savoir et s'exprime de la manière la plus explicite dans les jeux médiatiques où il s'agit de donner une réponse juste à des questions à choix multiples. C'est aussi une image scolaire qui renvoie au crayon rouge du professeur corrigeant rageusement les fautes d'orthographe, de raisonnement ou encore l'inexactitude du calcul. Pourtant, hors des exercices à trous et des questions à choix multiples, quand la pensée de l'élève s'expose dans la dissertation ou dans la conception d'une expérience, ce qui est en question est moins la vérité ou la fausseté que le sens lui-même. Le professeur se trouve confronté aux errements du sens, à ce que Deleuze, après Flaubert, appelle la *bêtise* comme impuissance à penser, à problématiser[2].

Il faut donc *porter la bêtise au niveau transcendantal*. Penser est d'abord une épreuve de sens. Quand Henri

1. G. Deleuze, *Différence et répétition*, op. cit., chap. III.
2. M. Fabre, « Bouvard et Pécuchet ou l'impossibilité à problématiser », *Le Télémaque*, n° 4, Presses universitaires de Caen, 2003.

Poincaré voulait dire du mal des théories de ses collègues, il ne disait pas qu'elles étaient fausses, mais plutôt qu'elles étaient sans intérêt ni importance, ou qu'elles ne produisaient que des résultats triviaux. Et quand Bachelard se représentait la solitude de l'inventeur, il imaginait Louis de Broglie se demandant avec angoisse si ses hypothèses sur la théorie ondulatoire ne tenaient pas davantage de la folie que du génie. Pour Deleuze :

> (...) ce qu'on appelle le sens d'une proposition, c'est l'intérêt qu'elle présente. Il n'y a pas d'autre définition du sens, et ça ne fait qu'un avec la nouveauté d'une proposition... les notions d'importance, de nécessité, d'intérêt, sont mille fois plus déterminantes que la notion de vérité[1].

Comment expliquer à la fois l'inflation du discours sur le vrai et la méconnaissance du sens ? Deleuze s'en prend au propositionnalisme qui sous-tend la logique classique ou contemporaine, aussi bien celle d'Aristote que celles de Frege ou de Russel. Les logiciens font en effet de la proposition le lieu unique de la vérité. Pourtant, dans la pensée inventive, lorsqu'il s'agit de produire un nouveau concept (ainsi le concept de masse ou d'énergie en physique, le concept de substance ou de *conatus* en philosophie), on soupçonne que la vérité pourrait bien avoir affaire au sens lui-même. Pour Deleuze, comme déjà pour Dewey, la vérité se définit moins comme adéquation de l'esprit à la chose que comme *résultat d'une production*. La vérité « n'est que le résultat empirique du sens »[2]. En finir avec les postulats de la pensée dogmatique, ce serait donc donner une image

1. G. Deleuze, *Pourparlers*, Paris, Minuit, 1990, p. 177.
2. *Ibid.*, p. 200.

de la pensée, dans ce qu'elle a de plus haut, la pensée inventive.

La tentative s'éclaire si l'on se souvient que, pour Deleuze, le sens s'identifie au problématique. La proposition doit donc être considérée comme le résultat d'une problématisation, comme une solution. La pensée dogmatique s'ingénie à séparer ce résultat de sa genèse : elle traite les propositions comme des entités indépendantes et autosuffisantes sans voir que leur sens est ailleurs, dans les problèmes auxquels elles répondent. Quand Deleuze affirme que le sens est extra-propositionnel, il veut dire que la proposition tire son sens du problème auquel elle répond dans un contexte problématique déterminé.Cette théorie génétique du sens ne prétend pas se passer de l'idée de vérité, mais entend l'élargir au contraire en la portant au niveau des problèmes eux-mêmes. D'où l'insistance sur les faux problèmes. En les évoquant, Deleuze, lecteur de Bachelard et de Bergson, ne peut pas ne pas songer aux *obstacles épistémologiques* qui grèvent la formation de la pensée scientifique ni aux *pseudo-idées* qui encombrent la pensée philosophique. Les problèmes peuvent être inexistants, comme ceux que dénonce Bergson et qui engendrent les pseudo-idées de désordre ou de néant[1], ou encore artificiellement construits sur de fausses oppositions, comme celles de l'intérêt et de l'effort, de la théorie et de la pratique, que critique Dewey[2]. Ils peuvent encore être faux par indétermination ou surdétermination comme le suggère

---

1. G. Deleuze, *Le bergsonisme*, Paris, P.U.F, 1966, p. 6.
2. J. Dewey, *L'École et l'enfant*, trad. fr. G. Deledalle, Paris, Fabert, 2004.

Bachelard[1]. Bref, pour la tradition problématologique, le plus important et le plus difficile dans la pensée, c'est la position et la construction des problèmes qui s'effectuent généralement contre l'opinion. Deleuze soutient qu'un problème se réfléchit toujours dans de faux problèmes qui en constituent autant d'images déformées. C'est pourquoi les problèmes dits « de société » ne peuvent être saisis que dans une opération de rectification qui les remet d'aplomb[2]. La bêtise surgit comme l'envers de l'intelligence et la première tâche de la philosophie est d'abord critique. La philosophie ne consiste jamais à fonder le sens commun. Elle remonte plutôt du plan des solutions à celui des problèmes, pour déplacer, reconstruire, reformuler les problèmes.

Mais porter l'idée de vérité au niveau du sens ou du problème implique une dépsychologisation du problème. Le problème ne se réduit pas à une difficulté passagère qui disparaîtrait une fois la solution trouvée, car c'est lui qui confère à cette solution son sens. Il subsiste donc comme ce qui fonde la solution. S'il existe un ciel platonicien, alors les Idées sont des problèmes, comme Popper l'avait compris. Quand, dans l'enseignement ou la vulgarisation, on détache les solutions des problèmes qui leur donnent sens, elles n'apparaissent alors que comme des « vérités » que rien ne fonde et finalement comme des dogmes. Bachelard disait qu'un enseignement des sciences qui n'enseignerait que les résultats, sans mentionner leur genèse problématique, n'aurait rien de véritablement scientifique.

---

1. G. Bachelard, *La formation de l'esprit scientifique, op. cit.*
2. G. Deleuze, *Différence et répétition, op. cit.*, p. 268.

Du point de vue de la problématisation, l'apprentissage ne peut être pensé comme un processus psychologique contingent, sur le modèle du rat qui finit par trouver son chemin dans le labyrinthe. Certes on convient généralement que le savoir ne tombe pas du ciel, que l'apprendre exige du temps, que c'est une tâche infinie. La société, dite « de la connaissance », fait même de l'apprentissage tout au long de la vie son mot d'ordre. Mais ici, l'apprendre dont on fait grand cas n'est rien d'autre qu'une figure empirique que l'on s'empresse d'oublier lorsqu'advient le savoir. C'est au contraire dans l'aventure de l'apprendre que se joue le destin de la pensée, dans l'invention scientifique, la création philosophique ou artistique ou même l'acquisition des gestes du métier. Et Deleuze d'en appeler à un nouveau Ménon pour lequel c'est bien « sur l'apprendre et non sur le savoir, que les conditions transcendantales de la pensée doivent être prélevées »[1]. Bachelard faisait de la pensée une École. Deleuze, quant à lui, *élève l'apprendre au niveau transcendantal tout en récusant sa forme scolaire, ou plutôt scolastique.* La critique des postulats de l'image dogmatique de la pensée constitue donc, du même coup, *une critique de la raison pédagogique.* Pour Deleuze, les figures de la domination se ramènent toutes à une même matrice, celle de l'école qui nous fait croire que l'essentiel dans la pensée est d'éviter l'erreur, que la proposition est le lieu de la vérité, que les solutions importent plus que les problèmes qui d'ailleurs sont toujours inscrits dans le grand livre du maître et finalement que l'apprendre s'efface devant le savoir.

1. G. Deleuze, *Différence et répétition, op. cit.*, p. 216.

En évoquant les pédagogies qui tentent de donner aux élèves *le sens du problème*, de leur faire construire les problèmes, Deleuze dresse une alternative à l'image dogmatique de la pensée et dessine pour l'école un horizon d'émancipation intellectuelle.

TEXTES ET COMMENTAIRES

TEXTE 1

PLATON

Ménon, (80d-86b) [1]

Ménon : — Et comment t'y prendras-tu, Socrate, pour chercher ce que tu ne connais en aucune manière? Quel principe prendras-tu, dans ton ignorance, pour te guider dans cette recherche? Et quand tu viendrais à le rencontrer, comment le reconnaîtrais-tu, ne l'ayant jamais connu? [80 e]

Socrate : — Je comprends ce que tu veux dire, Menon. Vois-tu combien est fertile en disputes ce propos que tu mets en avant? Il n'est pas possible à l'homme de chercher ni ce qu'il sait ni ce qu'il ne sait pas; car il ne cherchera point ce qu'il sait parce qu'il le sait et que cela n'a point besoin de recherche, ni ce qu'il ne sait point par la raison qu'il ne sait pas ce qu'il doit chercher. [81a]

Ménon : — Est-ce que ce discours ne te paraît pas vrai, Socrate?

Socrate : — Nullement.

Ménon : — Me dirais-tu bien pourquoi?

1. Nous utilisons la traduction de Victor Cousin. *Œuvres de Platon*, tome 6, Paris, P.-J. Rey, 1849. Le texte grec est disponible dans Platon, *Œuvres complètes*, tome III, 2 e partie, trad. fr. A. Croiset avec la collaboration de L. Bodin, Paris, Budé-Les Belles Lettres, 1923.

Socrate : — Oui : — car j'ai entendu des hommes et des femmes habiles dans les choses divines.

Ménon : — Que disaient-ils ? (…)

Socrate : — (…) Ainsi l'âme étant immortelle, étant d'ailleurs née plusieurs fois, et ayant vu ce qui se passe dans ce monde et dans l'autre et toutes choses, il n'est rien qu'elle n'ait appris. C'est pourquoi il n'est pas surprenant qu'à l'égard de la vertu et de tout le reste, elle soit en état de se ressouvenir de ce qu'elle a su antérieurement ; car, comme tout se tient, [81d] et que l'âme a tout appris, rien n'empêche qu'en se rappelant une seule chose, ce que les hommes appellent apprendre, on ne trouve de soi-même tout le reste, pourvu qu'on ait du courage, et qu'on ne se lasse point de chercher. En effet ce qu'on nomme chercher et apprendre n'est absolument que se ressouvenir. Il ne faut donc point ajouter foi au propos fertile en disputes que tu as avancé : — il n'est propre qu'à engendrer en nous la paresse, et il n'y a que des hommes efféminés qui puissent se plaire à l'entendre. [81 e] Le mien, au contraire, les rend laborieux et inquisitifs. Ainsi je le tiens pour vrai ; et je veux en conséquence chercher avec toi ce que c'est que la vertu.

Ménon : — J'y consens, Socrate. Mais te borneras-tu à dire simplement que nous n'apprenons rien, et que ce qu'on appelle apprendre, n'est autre chose que se ressouvenir ? Pourrais-tu m'enseigner comment cela est ainsi ?

Socrate : — J'ai déjà dit, Menon, que tu es un rusé. [82a] Tu me demandes si je puis t'enseigner, dans le temps même que je soutiens qu'on n'apprend rien, et qu'on ne fait que se ressouvenir, afin de me faire tomber sur-le-champ en contradiction avec moi-même.

Ménon : — Non, par Jupiter! Socrate, je n'ai point parlé ainsi dans cette vue, mais par pure habitude. Cependant si tu peux me montrer que la chose est telle que tu dis, montre-le-moi.

Socrate : — Cela n'est point aisé; mais en ta faveur je ferai tous mes efforts. Appelle-moi quelqu'un de ces nombreux esclaves [82b] qui sont à ta suite, celui que tu voudras, afin que je te fasse voir sur lui ce que tu souhaites.

Ménon : — Volontiers. Viens ici.

Socrate : — Est-il Grec, et sait-il le grec?

Ménon : — Fort bien; il est né dans notre maison.

Socrate : — Sois attentif à examiner s'il te paraîtra se ressouvenir lui-même, ou apprendre de moi.

Ménon : — J'y ferai attention.

Socrate : — Dis-moi, mon enfant, sais-tu que ceci est un espace carré?

L'esclave : — Oui.

Socrate : — L'espace [82c] carré n'est-ce pas celui qui a les quatre lignes que voilà toutes égales?

L'esclave : — Oui.

Socrate : — N'a-t-il point encore ces autres lignes tirées par le milieu égales?

L'esclave : — Oui.

Socrate : — Ne peut-il pas y avoir un espace semblable plus grand ou plus petit?

L'esclave : — Sans doute.

Socrate : — Si donc ce côté était de deux pieds, et cet autre aussi de deux pieds, de combien de pieds serait le tout? Considère la chose de cette manière. Si ce côté-ci était de deux pieds, et celui-là d'un pied seulement, n'est-il pas vrai que l'espace serait d'une fois deux pieds?

L'esclave : — [82d] Oui.

Socrate : — Mais comme ce côté-là est aussi de deux pieds, cela ne fait-il pas deux fois deux?

L'esclave : — Oui.

Socrate : — L'espace devient donc de deux fois deux pieds?

L'esclave : — Oui.

Socrate : — Combien font deux fois deux pieds? fais-en le compte et dis-le-moi.

L'esclave : — Quatre, Socrate.

Socrate : — Ne pourrait-on pas faire un espace double de celui-ci, et tout semblable, ayant comme lui toutes ses lignes égales?

L'esclave : — Oui.

Socrate : — Combien aurait-il de pieds?

L'esclave : — Huit.

Socrate : — Allons, tâche de me dire de quelle grandeur [82 e] sera chaque ligne de cet autre carré. Celles de celui-ci sont de deux pieds; celles du carré double de combien seront-elles?

L'esclave : — Il est évident, Socrate, qu'elles seront doubles.

Socrate : — Tu vois, Menon, que je ne lui apprends rien de tout cela, je ne fais que l'interroger. Il s'imagine à présent savoir quelle est la ligne dont doit se former l'espace de huit pieds. Ne te le semble-t-il pas?

Ménon : — Oui.

Socrate : — Le sait-il?

Ménon : — Non, assurément.

Socrate : — Mais il croit qu'il se forme d'une ligne double?

Ménon : — Oui.

Socrate : — Observe comme la mémoire va lui revenir successivement.

Réponds-moi, toi. Ne dis-tu point que l'espace double [83a] se forme de la ligne double ? Je n'entends point par là un espace long de ce côté-ci, et étroit de ce côté-là : — mais il faut qu'il soit égal en tout sens comme celui-ci, et qu'il en soit double, c'est-à-dire de huit pieds. Vois si tu juges encore qu'il se forme de la ligne double.

L'esclave : — Oui.

Socrate : — Si nous ajoutons à cette ligne une autre ligne aussi longue, la nouvelle ligne ne sera-t-elle pas double de la première ?

L'esclave : — Sans contredit.

Socrate : — C'est donc de cette ligne, dis-tu, que se formera l'espace double, si on en tire quatre semblables ?

L'esclave : — Oui.

Socrate : — Tirons-en quatre pareilles à celle-ci. N'est-ce pas là ce que tu appelles l'espace de huit pieds ?

L'esclave : — Oui.

Socrate : — Dans ce carré ne s'en trouve-t-il pas quatre égaux chacun à celui-ci qui est de quatre pieds ?

L'esclave : — Oui.

Socrate : — De quelle grandeur est-il donc ? N'est-il pas quatre fois aussi grand ?

L'esclave : — Sans doute.

Socrate : — Mais ce qui est quatre fois aussi grand est-il double ?

L'esclave : — Non, par Jupiter !

Socrate : — Combien donc est-il ?

L'esclave : — Quadruple.

Socrate : — Ainsi, mon enfant, [83c] de la ligne double il ne se forme pas un espace double, mais quadruple.

L'esclave : — Tu dis vrai.

Socrate : — Car quatre fois quatre font seize, n'est-ce pas ?

L'esclave : — Oui.

Socrate : — De quelle ligne se forme donc l'espace de huit pieds ? l'espace quadruple ne se forme-t-il point de celle-ci ?

L'esclave : — J'en conviens.

Socrate : — Et l'espace de quatre pieds ne se forme-t-il point de celle-là qui est la moitié de l'autre ?

L'esclave : — Oui.

Socrate : — Soit. L'espace de huit pieds n'est-il pas double de celui-ci, et la moitié de celui-là ?

L'esclave : — Sans doute.

Socrate : — Ne se formera-t-il pas d'une ligne plus grande que celle-ci, et plus petite [83d] que celle-là ? N'est-il pas vrai ?

L'esclave : — Il me paraît que oui.

Socrate : — Fort bien. Réponds toujours selon ta pensée ; et dis-moi, cette ligne n'était-elle pas de deux pieds, et cette autre de quatre ?

L'esclave : — Oui.

Socrate : — Il faut par conséquent que la ligne de l'espace de huit pieds soit plus grande que celle de deux pieds, et plus petite que celle de quatre.

L'esclave : — Il le faut. [83 e]

Socrate : — Tâche de me dire de combien elle doit être.

L'esclave : — De trois pieds.

Socrate : — Si elle est de trois pieds, nous n'avons donc qu'à ajouter à cette ligne la moitié d'elle-même, et elle sera de trois pieds ; car voilà deux pieds, et en voici un. De ce côté pareillement voilà deux pieds et en voici un : — et l'espace dont tu parles est fait.

L'esclave : — Oui.

Socrate : — Mais si l'espace a trois pieds de ce côté-ci, et trois pieds de ce côté-là, n'est-il point de trois fois trois pieds ?

L'esclave : — Cela est évident.

Socrate : — Combien font trois fois trois pieds ?

L'esclave : — Neuf pieds.

Socrate : — Et l'espace double de combien de pieds devait-il être ?

L'esclave : — De huit.

Socrate : — L'espace de huit pieds ne se forme donc pas non plus de la ligne de trois pieds ?

L'esclave : — Non vraiment.

Socrate : — De quelle ligne se fait-il donc ? Essaie de nous le dire au juste ; et [84a] si tu ne veux point l'exprimer en nombres, montre-la-nous.

L'esclave : — Par Jupiter, je n'en sais rien, Socrate.

Socrate : — Tu vois de nouveau, Menon, quel chemin il a fait dans la réminiscence. Il ne savait point au commencement quelle est la ligne d'où se forme l'espace de huit pieds, comme il ne le sait pas encore. Mais alors il croyait le savoir, et il a répondu avec confiance, comme s'il le savait ; et il ne croyait pas être dans l'embarras à cet égard. A présent il reconnaît [84b] son embarras, et comme il ne sait point, aussi ne croit-il point savoir.

Ménon : — Tu dis vrai.

Socrate : — N'est-il pas actuellement dans une meilleure disposition par rapport à la chose qu'il ignorait ?

Ménon : — C'est ce qu'il me semble.

Socrate : — En le faisant douter, et en l'engourdissant comme la torpille, lui avons-nous fait quelque tort ?

Ménon : — Je ne le pense pas.

Socrate : — Au contraire, nous l'avons mis, ce semble, plus à portée de découvrir la vérité ; car à présent, quoiqu'il ne sache point la chose, il la cherchera avec plaisir : au lieu qu'auparavant il eût dit sans façon, devant plusieurs et souvent, [84c] croyant bien dire, que l'espace double doit être formé d'une ligne double en longueur.

Ménon : — Il y a apparence.

Socrate : — Penses-tu qu'il eût entrepris de chercher ou d'apprendre ce qu'il croyait savoir, encore qu'il ne le sût point, avant d'être parvenu à douter, et jusqu'à ce que, convaincu de son ignorance, il a désiré savoir ?

Ménon : — Je ne le crois pas, Socrate.

Socrate : — L'engourdissement lui a donc été avantageux ?

Ménon : — Il me paraît que oui.

Socrate : — Considère maintenant comment, en partant de ce doute, il découvrira la chose en cherchant avec moi, tandis que je ne ferai que l'interroger, et ne lui apprendrai rien. [84d] Observe bien si tu me surprendras lui enseignant et lui expliquant quoi que ce soit, en un mot faisant rien de plus que lui demander ce qu'il pense. Toi, dis-moi : cet espace n'est-il point de quatre pieds ? Tu comprends ?

L'esclave : — Oui.

Socrate : — Ne peut-on pas lui ajouter cet autre espace qui lui est égal ?

L'esclave : — Oui.

Socrate : — Et ce troisième égal aux deux autres ?

L'esclave : — Oui.

Socrate : — Ne pouvons-nous pas achever la figure en plaçant cet autre espace dans cet angle ?

L'esclave : — Sans doute.

Socrate : — Cela ne fait-il point quatre espaces égaux [84 e] entre eux ?

L'esclave : — Oui.

Socrate : — Mais quoi, combien est tout cet espace par rapport à celui-ci ?

L'esclave : — Il est quadruple.

Socrate : — Or il nous en fallait faire un double. Ne t'en souvient-il pas ?

L'esclave : — Si fait.

Socrate : — Cette ligne, qui va d'un angle à l'autre, [85a] ne coupe-t-elle pas en deux chacun de ces espaces ?

L'esclave : — Oui.

Socrate : — Ne voilà-t-il point quatre lignes égales qui renferment cet espace ?

L'esclave : — Cela est vrai.

Socrate : — Vois quelle est la grandeur de cet espace.

L'esclave : — Je ne le saisis pas.

Socrate : — De ces quatre espaces, chaque ligne n'a-t-elle pas séparé en dedans la moitié de chacun ? N'est-il pas vrai ?

L'esclave : — Oui.

Socrate : — Combien y a-t-il d'espaces semblables dans celui-ci ?

L'esclave : — Quatre.

Socrate : — Et dans celui-là combien ?

L'esclave : — Deux.

Socrate : — Quatre qu'est-il par rapport à deux ?

L'esclave : — Double.

Socrate : — Combien de pieds [85b] a donc cet espace ?

L'esclave : — Huit pieds.

Socrate : — De quelle ligne est-il formé ?

L'esclave : — De celle-ci.

Socrate : — De la ligne qui va d'un angle à l'autre de l'espace de quatre pieds ?

L'esclave : — Oui.

Socrate : — Les savants appellent cette ligne diamètre. Ainsi, supposé que ce soit là son nom, l'espace double, esclave de Menon, se formera, comme tu dis, du diamètre.

L'esclave : — Vraiment oui, Socrate.

Socrate : — Que t'en semble, Menon ? A-t-il fait une seule réponse qui ne fût son opinion à lui ? [85c]

Ménon : — Non ; il a toujours parlé de lui-même.

Socrate : — Cependant, comme nous le disions tout à l'heure, il ne savait pas.

Ménon : — Tu dis vrai.

Socrate : — Ces opinions étaient-elles en lui, ou non ?

Ménon : — Elles y étaient.

Socrate : — Celui qui ignore a donc en lui-même sur ce qu'il ignore des opinions vraies ?

Ménon : — Apparemment.

Socrate : — Ces opinions viennent de se réveiller en lui comme un songe. Et si on l'interroge souvent et de diverses façons sur les mêmes objets, sais-tu bien qu'à la fin il en aura [85d] une connaissance aussi exacte que qui que ce soit ?

Ménon : — Cela est vraisemblable.

Socrate : — Ainsi il saura sans avoir appris de personne, mais au moyen de simples interrogations, tirant ainsi sa science de son propre fonds.

Ménon : — Oui.

Socrate : — Mais tirer la science de son fonds, n'est-ce pas se ressouvenir ?

Ménon : — Sans doute.

Socrate : — N'est-il pas vrai que la science qu'a aujourd'hui ton esclave, il faut qu'il l'ait acquise autrefois, ou qu'il l'ait toujours eue ?

Ménon : — Oui.

Socrate : — Mais s'il l'avait toujours eue, il aurait toujours été savant : et s'il l'a acquise autrefois, ce n'est pas dans la vie présente ; [85 e] ou bien quelqu'un lui a-t-il appris la géométrie ? Car il fera la même chose à l'égard des autres parties de la géométrie, et de toutes les autres sciences. Est-il donc quelqu'un qui lui ait appris tout cela ? Tu dois le savoir, puisqu'il est né et qu'il a été élevé dans ta maison.

Ménon : — Je sais que personne ne lui a jamais rien enseigné de semblable.

Socrate : — A-t-il ces opinions, ou non ?

Ménon : — Il me paraît incontestable qu'il les a, Socrate.

Socrate : — Si donc c'est faute de les avoir acquises dans la vie présente, qu'il n'en avait pas la conscience, [86a] il est évident qu'il a eu ces opinions et qu'il les a apprises en quelque autre temps.

Ménon : — Apparemment.

Socrate : — Ce temps n'est-il pas celui où il n'était pas encore homme ?

Ménon : — Oui.

Socrate : — Par conséquent, si durant le temps où il est homme, et celui où il ne l'est pas, il y a en lui des opinions vraies qui deviennent sciences, lorsqu'elles sont réveillées par des interrogations, n'est-il pas vrai que pendant toute la durée des temps son âme n'a pas été vide de connaissances ? Car il est clair que dans toute l'étendue des temps il est ou n'est pas homme.

Ménon : — Cela est évident. [86b]

Socrate : — Si donc la vérité est toujours dans notre âme, cette âme est immortelle. C'est pourquoi il faut essayer avec confiance de chercher et de te rappeler ce que tu ne sais pas pour le moment, c'est-à-dire ce dont tu ne te souviens pas.

Ménon : — Il me paraît, je ne sais comment, que tu as raison, Socrate. »

COMMENTAIRE

À première vue, le *Ménon* s'avère un parfait contre-exemple pour une théorie de la problématisation. Et ceci pour deux raisons. La première, c'est qu'il développe l'hypothèse de la réminiscence. Or si savoir c'est se souvenir, on a là une position qui refuse l'idée même de problématisation et plus généralement d'ailleurs celle de recherche. C'est pourquoi aussi bien Dewey que Deleuze et Meyer verront, dans ce dialogue de Platon, la source de l'oubli du problème qui caractérise, selon eux, l'histoire de la philosophie. La deuxième raison, c'est que le *Ménon*, qui est censé illustrer la maïeutique de Socrate, semble bien construit sur un effet Topaze[1] puisque Socrate fournit les réponses avec les questions.

Pourquoi alors s'intéresser au *Ménon?* Parce que, malgré ses dénégations théoriques, le *Ménon* nous dévoile, contre toute attente, comment la recherche est possible. Le dialogue nie théoriquement la problématisation tout en s'efforçant de l'activer pratiquement, de manière cachée. L'expérience pédagogique dont Socrate se sert pour prouver la réminiscence, nous montre en réalité

1. En référence à la pièce de Marcel Pagnol où le maître dicte : des moutons...des moutons... moutonss. Je dis moutonsss... L'effet Topaze, dans sa plus grande généralité consiste à fournir la réponse dans la question même.

qu'il y a bien un savoir dans la question et que c'est ce savoir qui rend la recherche possible. Elle nous suggère, indirectement, en quoi pourrait consister cette problématique que le dilemme sophistique exclut et à quoi précisément elle pourrait servir. Inversement l'aporie qui clôt le *Ménon*, en revenant sur son objet principal, à savoir la question de la vertu, nous dévoile ce qui manque à cette partie du dialogue pour qu'une problématisation puisse s'y enclencher.

LE DILEMME DU *MÉNON*

Restituons le contexte. Le dialogue commence par la question de savoir si la vertu peut s'enseigner[1]. Socrate pose une *exigence préalable* : avant de savoir si la vertu peut s'enseigner, il faut savoir ce qu'est la vertu. Mais Ménon, l'interlocuteur de Socrate, n'entend pas cette question de l'essence. Au lieu de cerner ce que les vertus ont en commun, il se borne à les énumérer en assignant aux hommes et aux femmes leurs vertus particulières : administrer les affaires de la cité, tenir sa maison. Ainsi à chacun sa vertu ! Socrate tente, de multiples manières, d'exemplifier la question de l'essence sur le cas des abeilles, de la couleur, de la figure. Chercher l'essence de la vertu, c'est comme chercher ce qu'ont en commun toutes les abeilles, toutes les couleurs, toutes les figures. Pour les vertus, ce caractère commun ne serait-il pas dans la manière avec laquelle on administre ou on gouverne ? Être vertueux serait alors administrer ou gouverner avec justice. Mais la justice, est-ce *la* vertu ou seulement une

---

1. Par vertu ou excellence, il faut entendre ici ce qui permet d'exercer convenablement une fonction.

vertu parmi d'autres ? Ramener la vertu à la justice ne revient-il pas à l'identifier à une partie d'elle-même ? Ce serait comme dire que la couleur c'est la blancheur ou que la figure, c'est le cercle.

Finalement, Ménon doit bien reconnaître qu'il ne sait pas ce qu'est la vertu. Il prend conscience de son ignorance, engourdi par Socrate la « torpille ». Et Socrate avoue ne pas savoir non plus. D'une manière générale il avoue ne rien savoir. Or quand on ne sait pas, il faut chercher. C'est alors que Ménon évoque le célèbre dilemme sophistique qui est censé démontrer l'impossibilité de la recherche ou son inutilité.

Il est étrange que Socrate accepte les termes du dilemme sans les critiquer. C'est bien ce que les philosophies du problème lui reprocheront[1]. Mais trancher le dilemme exigerait de distinguer deux modalités de savoir : *le savoir de la réponse et le savoir de la question*[2]. Car, ce que masque le dilemme sophistique, c'est que la question enveloppe bien un certain savoir. Il est certes des circonstances où j'oublie la question elle-même. Je suis dans mon bureau et je cherche mes clés. Distrait par un cri, qui vient de la rue, j'en viens à ne plus savoir ce que j'étais en train de faire.

---

1. Par exemple, M. Meyer, *De la Problématologie, op. cit.,* chap. II. Et G. Deleuze, *Différence et répétition, op. cit.,* chap. III. Ce qui s'accompagne d'une critique générale du platonisme comme occultation des problèmes. Pour une réhabilitation problématologique du platonisme qui fait de la Forme une matrice de questionnements, voir A. Macé, « L'origine du questionnement. À propos de la lecture de Platon et d'Aristote par Michel Meyer », *Revue Internationale de Philosophie. À propos de Questionnement et Historicité de Michel Meyer,* n°3/2011.

2. M. Meyer, *Questionnement et historicité,* Paris, P.U.F, 2000, p. 87.

Mais la plupart du temps, je sais ce que je cherche sans toutefois avoir encore la réponse. Je sais que j'ai perdu mes clés et je me demande où diable elles peuvent bien se trouver. Quel type de savoir contient cette question ? Il concerne d'abord l'objet de la recherche : il s'agit de mes clés et non de mon téléphone portable ou de tout autre objet. Mais je sais également qu'il me faut répondre à une question bien précise concernant mes clés : non pas savoir si ce sont de bonnes clés, de quelle couleur elles sont, mais *où* elles sont ? Il y a donc dans la question une anticipation de l'objet de la réponse ainsi que de la forme de cette réponse, anticipations sans lesquelles il ne me serait pas possible d'aller du connu à l'inconnu. C'est d'ailleurs grâce à elles que je pourrais forger des hypothèses : n'ai-je pas oublié mes clés au bar, au garage, dans ma voiture ? Bref, je n'ai pas encore trouvé mes clés, je ne sais pas encore où elles sont, mais je sais déjà que ma recherche sera terminée lorsque j'aurai répondu à un certain type de question : la question *où* au sujet de mes clés. La recherche exige donc l'explicitation du savoir contenu dans la question, ce qui suppose ici une connaissance de la vie quotidienne des sociétés modernes avec leurs clés et serrures, leurs bureaux, leurs voitures et leurs bars. Bref, le savoir de la question est ce qui me permet de *m'orienter dans la pensée*, d'anticiper des réponses possibles et de les évaluer. Cet exemple trivial, mais pourtant symbolique, de la recherche des clés, permet de se faire une première idée de ce qu'est une problématique et de son intérêt.

Pour les philosophies du problème, le *Ménon* gomme la différence problématologique. Il calque le savoir sur le modèle de la réponse et de ce fait, ignore la fonction du questionnement. Platon élabore ainsi le schème qui structurera les théories de la connaissance et qui, une fois démythologisé, s'interprétera comme innéité des idées ou *a priori*, ceci d'Augustin aux cartésiens et à Kant. Ce schème induira une image de la pensée comme récognition et non comme invention, minimisant ainsi la portée épistémologique de l'idée de problème[1].

Socrate ne démonte pas l'argument sophistique. Ce qui l'inquiète n'est pas tant le raisonnement lui-même que ses conséquences : cet argument rend paresseux! Pour redonner courage à Ménon, il effectue deux opérations. Il évoque d'abord le mythe de la réminiscence. On peut aller de l'ignorance au savoir, mais seulement parce que cette ignorance n'est qu'un oubli. Apprendre, c'est en réalité se souvenir, ce n'est pas une vraie recherche. Mais Socrate ne peut se contenter de la foi dans le mythe. Il lui faut prouver cette croyance. Toutefois, il ne va pas la démontrer par des arguments rationnels. Il va plutôt l'accréditer par ses effets. D'où l'expérience pédagogique avec le petit esclave de Ménon.

L'EXPÉRIENCE PÉDAGOGIQUE

Concentrons-nous sur cette expérience pédagogique. Quel est le problème? Soit un carré initial ABCD de 2 pieds de côté (figure a, ci-dessous), son aire mesure donc quatre pieds carrés. On veut construire, sur cette figure, un carré d'aire double (8 pieds carrés). Quelle longueur devra avoir chacun des côtés de ce carré de 8 pieds?[2]

---

1. M. Meyer, *Découverte et justification, op. cit.*
2. La diagonale du carré est l'une des interprétations géométriques des nombres irrationnels qui préoccupaient tant les Grecs. L. Brunschvig, *Les étapes de la philosophie mathématique* (1912), Paris, Vrin, 1981, p. 48-49.

Socrate guide le raisonnement de l'esclave en prétendant ne lui fournir aucune réponse. Il déclare ainsi ne rien vouloir lui enseigner afin que l'esclave se souvienne, par lui-même, de ce qu'il a oublié. De fait, l'esclave se trompe deux fois. Il veut doubler de côté du carré pour en doubler l'aire, ce qui donnerait un carré de 16 pieds au lieu des 8 pieds attendus (figure b). Ensuite, Socrate lui faisant chercher un intermédiaire entre le carré initial (de 4 pieds carrés) et celui de 16 pieds (trop grand), il prend un côté de 3 pieds, ce qui aboutit à une aire de 9 pieds carrés : deuxième erreur (figure c). La troisième tentative sera la bonne : Socrate suggèrera en effet à l'esclave de Ménon de construire le nouveau carré sur la diagonale du carré initial (figure d).

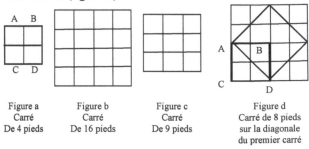

Figure a
Carré
De 4 pieds

Figure b
Carré
De 16 pieds

Figure c
Carré
De 9 pieds

Figure d
Carré de 8 pieds
sur la diagonale
du premier carré

Bien que cette expérience pédagogique ait été souvent considérée comme fondatrice des théories de l'apprentissage, il est évident que la maïeutique n'est ici qu'un effet Topaze continué. Socrate trace les figures sur le sable et l'élève ne fait que *suivre* la démonstration. Certes les erreurs de l'esclave semblent accréditer le sérieux de cette expérience et l'abstention de Socrate. Toutefois, à partir de la première erreur de l'élève (pour doubler l'aire du carré, il faut doubler les côtés), c'est Socrate qui formule les hypothèses. L'esclave comprend la démonstration, mais ce n'est pas lui qui la conçoit ni qui l'exécute. L'action de Socrate consiste donc en un *guidage pas à pas* de l'activité cognitive de l'élève.

Voyons en effet en quoi consistent les fameuses questions socratiques. Ce sont des questions fermées qui tracent des alternatives auxquelles on ne peut que répondre par oui ou par non, ou qui demandent d'effectuer un calcul arithmétique simple. Certaines questions ont trait aux propriétés des figures géométriques tracées sur le sable. Elles concernent les définitions du carré, des médianes, des diagonales et l'explicitation de leurs propriétés. Il y a là un travail d'élaboration, non seulement des données du problème, mais également des outils et matériaux de la construction géométrique. D'autres questions cherchent à vérifier si l'esclave perçoit bien les effets des évènements géométriques que provoque Socrate quand il trace des lignes sur le sable. Par exemple, qu'est-ce qui arrive à l'aire du carré quand on double la longueur du côté ou quand on le partage en deux selon la diagonale ? Toutes choses que l'esclave ne saisit pas du premier coup. Une troisième série de questions concerne des calculs arithmétiques qui servent, soit à anticiper la solution géométrique, soit à la tester. Par exemple la construction doit aboutir à un carré de 8 pieds carrés, or les essais donnent soit une figure de 16 pieds carrés, soit une figure de 9 pieds carrés. Ces questions permettent le passage de l'arithmétique à la géométric et inversement. C'est ce que les didacticiens des mathématiques appellent *un jeu de cadres* [1].

On a bien là, non pas l'archétype d'une pédagogie active, mais celui d'une pédagogie dialoguée dans

---

1. R. Douady, *Jeux de cadre et dialectique outil / objet dans l'enseignement des mathématiques*, Paris, IREM, 1984.

laquelle l'enseignant procède par questions fermées et s'appuie ensuite sur les réponses de l'élève, quitte à lui faire voir en quoi elles sont fausses ou en quoi elles sont vraies. Le succès de l'expérience pédagogique est censé prouver le bien-fondé de l'idée de réminiscence. Pédagogiquement, cette idée subsistera dans le *De Magistro* d'Augustin avec l'illumination de l'âme par le maître intérieur. Mais déjà le *De Magistro* de Thomas la récusera[1]. L'enseignement y deviendra l'opération conjointe du maître et de l'élève faisant passer à l'acte le savoir qui n'était qu'en puissance chez l'élève. Pour la tradition ultérieure, l'intérêt pédagogique de cette expérience du *Ménon* ne pourra être que métaphorique. Elle suggèrera qu'apprendre c'est tirer le savoir de son propre fond. Autrement dit, enseigner n'est pas transférer le savoir du maître dans l'esprit de l'élève, car la dynamique de l'apprentissage réside dans l'élève lui-même. Enseigner c'est faire signe dira Augustin. L'école nouvelle ne pourra cependant se réclamer de la maïeutique qu'en interprétant cette expérience à la manière empiriste et en occultant quelque peu la question de la réminiscence.

LE SAVOIR IMPLIQUÉ DANS LA QUESTION

Ce sont surtout les incidences épistémologiques de cette expérience pédagogique qui nous intéressent ici. Pour Socrate, si en effet l'esclave, à qui personne n'a jamais enseigné la géométrie, s'avère capable de trouver,

---

1. J.-M. Lamarre, « Thomas d'Aquin et Augustin d'Hippone », dans P. Billouet (dir.), *Figures de la Magistralité*, Paris, L'harmattan, 2009.

par lui-même, comment construire un carré double d'un carré donné, alors il faut bien admettre que savoir c'est tirer la réponse du plus profond de soi-même, restituer un apprentissage immémorial, accompli avant de naître, quand l'âme séjournait au pays des idées. En dehors de sa gangue mythologique, le message proprement philosophique du *Ménon*, c'est que *la question n'est que l'occasion*. Elle n'est là que pour *déclencher* le souvenir d'un savoir endormi. Elle n'est pas véritablement heuristique.

Mais le petit esclave de Ménon n'en sait-il pas beaucoup plus que ne le suppose Socrate? La question posée (comment construire un carré ayant une aire double de celle d'un carré de deux pieds de côté?) ne renferme-t-elle pas déjà un certain savoir? Elle renseigne en tout cas sur le *cadre* de la problématisation attendue : il s'agit d'une construction géométrique et non d'un calcul d'aire. En outre, comprendre la question initiale et suivre les indications de Socrate tout au long du dialogue, suppose déjà un savoir pré-géométrique ou para-géométrique. Les traits que Socrate trace sur le sable ne sont pas, pour l'esclave, de simples dessins, mais bien des figures ayant des propriétés spécifiques. L'important n'est pas que ces traits représentent ou non quelque chose (une maison, un champ...). L'important, ce sont les rapports que ces traits entretiennent entre eux : ils peuvent être plus courts, plus longs les uns que les autres ou encore égaux. L'esclave a également une intuition des aires. C'est sur la base de ce savoir pré-géométrique qu'il peut *suivre* Socrate lorsqu'il pose le problème. Il comprend ce qu'est un carré, qu'un carré a quatre côtés égaux, que les diagonales coupent ce carré en parts égales. La question de savoir d'où vient cette compréhension pré ou para géométrique de l'élève n'est pas posée dans le dialogue. L'esclave connaît également les opérations arithmétiques et sait les effectuer, ce qui lui permet d'anticiper le résultat de ses constructions et de prendre conscience de ses erreurs. Grâce à ce jeu de cadres, Socrate et le petit esclave peuvent se servir de l'arithmétique pour contrôler la construction géométrique. Il y a là une première forme d'anticipation et de contrôle de l'expérience que Socrate, tout occupé à prouver sa thèse, n'explicite pas.

Point n'est besoin de recourir au mythe pour expliquer les performances du jeune esclave. Le demi-succès de l'expérience pédagogique vient de ce que Socrate, malgré ses dénégations, enseigne par ses questions à un petit esclave qui en sait plus qu'on ne le croit. Évidemment, le problème ne fait que régresser d'un cran : d'où l'esclave sait-il tout cela ? D'où tient-il ce savoir de la question ?

L'essentiel est cependant de comprendre qu'en dotant la question d'un certain type de savoir consistant, mais différent de celui de la réponse, on change de paradigme. On passe d'une épistémologie de la réponse à une épistémologie de l'enquête qui ne s'esquissera qu'avec l'empirisme et ne se formulera définitivement qu'avec Dewey, Bachelard, Deleuze ou Meyer. Quand Dewey reprend la sentence de Stuart Mill selon laquelle « tirer des inférences est l'occupation principale de la vie », il conçoit l'expérience comme un univers de signes dans lequel les objets, les évènements, en suggèrent d'autres. Et il compare la pensée à un bond, à un saut dans l'inconnu, en indiquant toutefois que ce saut peut être orienté et contrôlé[1]. Or, c'est bien le savoir de la

1. J. Dewey, *Comment nous pensons*, *op. cit.*, p. 30-40.

question qui permet ce contrôle en donnant d'avance une idée de ce que doivent être l'objet et la forme du résultat et en anticipant ce résultat lui-même par des hypothèses. Un tel savoir peut s'appréhender de manière épistémologique comme condition de possibilité de la solution. Mais il possède également ses dimensions pédagogiques. Dérouler toutes les implications de la question suppose d'avoir acquis une certaine forme de rigueur et également une foule de connaissances, comme on le voit chez le petit esclave de Ménon.

LA QUESTION DE LA VERTU

Mais revenons à l'objet principal du *Ménon*. Chercher l'essence de la vertu nous place également dans une région intermédiaire entre l'ignorance totale de celui qui aurait oublié quelle question il voulait poser et l'ignorance relative de celui qui sait précisément ce qu'il cherche, mais ne l'a pas encore trouvé. Quel est donc ce savoir enveloppé dans la question? Socrate ne sait pas encore définir la vertu, il n'a pas la réponse à sa question, mais il en sait assez pour diriger son questionnement et celui de Ménon. Il sait d'avance à quoi devra ressembler la réponse pour être pertinente. Sa quête aura abouti quand il aura trouvé, non plus des exemples de vertu comme le courage, la piété, la justice (ces « essaims de vertus » qu'évoque Ménon), mais bien *l'essence de la vertu*, ce que toutes les vertus ont en commun. La quête de l'essence constitue le cadre de la problématisation platonicienne ou encore son plan d'immanence [1].

1. G. Deleuze, *Qu'est-ce que la philosophie?*, Paris, Minuit, 1991, p. 39.

Il y a donc un savoir enveloppé dans la question qui permet d'anticiper, non pas encore le contenu de la réponse, mais bien son objet et sa forme. On peut certes contester l'essentialisme platonicien et l'excessive prégnance de la question « qu'est-ce que ? » au détriment de la pluralité du questionnement et en particulier des questions circonstancielles (où, quand, comment, pourquoi ?) comme le font du reste, Deleuze ou Meyer. Mais déjà, ce que nous révèle le *Ménon*, en dépit de ses dénégations théoriques et à partir de son propre cadre, c'est le pouvoir du questionnement. Qu'est-ce que *s'orienter dans la pensée ?* C'est savoir d'avance ce que la question requiert comme type de réponse. C'est bien dans cette anticipation que réside la puissance heuristique de la problématique. Et sa rigueur aussi, car il faut bien que la réponse soit à la hauteur de la question *et de ses exigences*.

Ménon ne pourra se plier aux exigences du cadre essentialiste. Socrate acceptera, de guerre lasse, de chercher si la vertu peut s'enseigner « avant d'avoir cherché d'abord ce qu'elle est en elle-même » (86d). Il en appellera à la méthode par hypothèses des géomètres. Mais cette méthode échouera. Il ne sera pas possible de conclure si la vertu est science ou même opinion droite. On peut s'interroger pour savoir si cette méthode convient bien à la recherche des valeurs [1]. D'ailleurs Socrate la présente ici comme un pis-aller. Pour chercher si tel ou tel triangle peut s'inscrire ou non dans un cercle, on peut certes faire des hypothèses, mais encore faut-il avoir une bonne définition de ce qu'est un cercle ou un triangle. La méthode par hypothèse ne semble pas pouvoir constituer,

1. V. Goldschmidt. *Les dialogues de Platon*, Paris, P.U.F, 1971, p. 124-128.

en tout cas, une alternative à la recherche de l'essence ou du moins à sa réminiscence.

La thèse explicite du *Ménon* c'est d'affirmer l'impuissance radicale du questionnement. Le petit esclave n'effectue pas une recherche, car la question ne porte en elle aucun savoir, elle ne fait que déclencher un souvenir. L'enseignement n'est donc pas possible en rigueur : *le maître n'est que l'occasion*. Comment alors expliquer le fait que le petit esclave se souvienne alors que son maître, Ménon, n'y parvient pas ?

Dans le cas de la duplication du carré, il y a une amorce de problématisation qui prend le masque de la réminiscence. Ce que Socrate ne veut pas voir, c'est qu'il dévoile à l'esclave, par ses fausses questions, tout ce qu'il faut pour résoudre le problème. Bien que niant théoriquement le savoir de la question, il l'explicite pratiquement en le monnayant en réponses et ainsi le *souffle* à l'esclave tout au long de la démarche. On le voit par le travail de définition qu'il effectue, par son souci d'attirer l'attention sur les effets des évènements géométriques qu'il provoque et enfin par la puissance heuristique de l'arithmétique qui permet à l'esclave d'anticiper les constructions et de les tester. Le problème de la duplication du carré est donc l'objet d'une double illusion et d'une double dénégation. Du point de vue épistémologique, c'est une esquisse de problématisation déguisée en réminiscence. Et sur le plan pédagogique, c'est un effet Topaze produisant un demi-succès, célébré pourtant comme une réussite.

Pour le dialogue sur la vertu, c'est toute autre chose qui se produit. Ménon n'accepte pas le cadre de la problématisation platonicienne, celui de l'essence, ou tout au moins ne comprend pas son intérêt. Il ne peut donc effectuer le détour pourtant nécessaire de la question initiale (la vertu peut-elle s'enseigner?) à *la question préalable* (qu'est-ce que la vertu?). Il ne peut donc engager le processus de problématisation. Il échoue à distinguer données et conditions, exemples et critères. Il n'accède pas à cette pensée à deux dimensions que réclamait Bachelard. Il en reste à la pensée plate qui se manifeste en effet par l'énumération des « essaims de vertus » au lieu et place d'une véritable définition.

Par ses apories et ses demi-succès, le *Ménon* qui prétend prouver, par l'expérience, la théorie de la réminiscence et donc l'impossibilité de la recherche, fournit en réalité, implicitement et comme malgré lui, une bonne illustration de ce qu'est une problématique et de son intérêt.

TEXTE 2

JOHN DEWEY

Logic. Theory of Enquiry[1]

D'après les idées émises dans le dernier chapitre, on peut identifier le jugement à l'issue satisfaisante de l'enquête. Il se rapporte aux résultats qui découlent de l'enquête, dans leur statut conclusif. Le jugement, en ce sens, se distingue des propositions. Le contenu de ces dernières est intermédiaire et représentatif et il est véhiculé par des symboles ; tandis que le jugement, en tant que terme de l'enquête, a une portée existentielle directe. [...] Un exemple de jugement, littéralement parlant, au sens défini ici, est fourni par le jugement du tribunal résolvant quelque question controversée. Le procès consiste en une situation problématique qui demande une solution. Il y a incertitude et dispute sur ce qu'il faut faire parce qu'il y a conflit sur la signification de ce qui s'est passé et ceci même s'il y a accord sur ce qui s'est passé, factuellement parlant, ce qui évidemment n'est pas toujours le cas. La décision judiciaire est la solution d'un problème parce qu'elle décide de conditions existentielles déterminant

1. J. Dewey, *Logic. The Theory of Enquiry* (1938), J.-A. Boydston (ed.), Southern Illinois University Press, The Later Works (1925-1953), vol. 12, 1990, p. 120-132 ; trad. fr. M. Fabre.

des activités futures : telle est l'essence de la signification de toute situation de ce genre.

Cette solution ou jugement est l'aboutissement de l'enquête menée au tribunal. L'enquête exemplifie le schème décrit dans le dernier chapitre. D'un côté, on émet certaines propositions concernant les faits en question. Les témoins rapportent ce qu'ils ont vu et entendu ; des rapports écrits sont présentés, etc. Cet objet matériel de l'enquête peut être observé directement et possède une référence existentielle. Comme chaque partie en cause apporte ses preuves, ces dernières tendent à indiquer la décision à prendre pour résoudre la situation jusqu'alors indéterminée. La décision consiste en une reconstruction existentielle déterminée de la situation. D'un autre côté, d'autres propositions concernent l'objet conceptuel de l'enquête ; on invoque des articles de loi pour évaluer l'admissibilité (la relevance) et le poids des faits présentés comme preuves. La *signification* du matériel factuel est fixée par les règles du système juridique en cours ; elle ne découle pas des faits indépendamment de la structure conceptuelle qui les interprète. Et cependant, la qualité de la situation problématique en question détermine quelles règles du système juridique global sont à sélectionner. Ces règles sont différentes selon que les cas relèvent du droit civil ou du droit criminel, qu'il s'agisse de bris de clôture ou de rupture de contrat. Des conceptions ont été élaborées dans le passé sous des rubriques définies qui résument les divers types de principes d'interprétation dont l'expérience a montré qu'ils s'appliquent dans la variété des situations courantes. L'idéal théorique en vue pour guider la délibération du tribunal consiste en un réseau de relations et de procédures susceptible d'articuler le plus étroitement possible les faits et les acceptions légales qui leur confèrent leur signification, c'est-à-dire fixent les conséquences qui en découlent, dans le système social existant [...]

Dans cette section, je vais considérer maintenant le sujet du jugement. La portée des conclusions auxquelles nous sommes parvenus jusqu'ici apparaîtra mieux si je les oppose à une doctrine courante de la logique théorique. Cette doctrine soutient que la matière existentielle qui possède en dernière analyse la forme de cet *objet* ou de cette *qualité* est, littéralement parlant, donnée ou présentée au *jugement*. Le rôle du jugement proprement dit se réduit donc à attribuer quelque chose au sujet, à caractériser ce qui est présenté tout fait, soit à la perception soit au jugement. Je choisis une seule citation typique : « Dans toute proposition, nous déterminons *dans* la pensée le caractère d'un objet présent à la pensée ». La position antithétique qui est la nôtre soutient que les matériaux du sujet et du prédicat sont déterminés corrélativement, dans et par le processus de « la pensée », c'est-à-dire de l'enquête [...].

On a déjà parlé de la signification logique du prédicat quand on a discuté du sujet logique, en raison de la parfaite correlativité qui existe entre le contenu existentiel et le contenu idéel du jugement. Les significations suggérées comme solutions possibles d'un problème, qui sont donc utilisées pour diriger de nouvelles opérations d'observation expérimentale, constituent le prédicat des jugements. Ce prédicat s'articule au contenu factuel, c'est-à-dire au sujet du jugement, comme le possible au réel. [...].

L'erreur essentielle de la tradition rationaliste en logique consiste à prendre la consistance des éléments constitutifs du contenu conceptuel (qui forme le prédicat) pour critère final de la vérité ou assertibilité. Le matériau qui, sous sa forme logique, est le moyen utilisé pour exécuter certaines opérations expérimentales aux fins de modifier des existences antérieures, est considéré à tort comme définitif et complet en lui-même. On lui attribue par là même un statut ontologique propre. Comme on l'a fait remarquer, la logique classique considérait que l'objet doté d'une forme « rationnelle » constituait un royaume supérieur de la « Réalité » et par comparaison, que le matériel susceptible d'observation sensible lui était par nature métaphysiquement inférieur. Ce dernier n'était « connu » que dans la mesure où il pouvait être directement subsumé sous le matériel conceptuel. Une tendance plus récente fait de l'objet conceptuel un royaume de possibilités abstraites également complet en lui-même au lieu d'y voir un ensemble d'opérations possibles à accomplir. Bien que le statut métaphysique qui en résulte soit très différent de celui de l'ontologie classique, il y a là néanmoins le même genre d'hypostatisation d'une fonction logique en une entité supra-empirique. Entre-temps, la pratique de l'enquête scientifique a fourni les bases d'une interprétation logique correcte. Les contenus conceptuels et « rationnels » sont des hypothèses. Dans leurs formes les plus larges, ce sont des théories. À ce titre, ils peuvent être abstraits de toute application particulière à telle ou telle situation existentielle immédiate et le sont généralement. Mais par là même, ils deviennent des instruments susceptibles d'un vaste champ indéfini d'application opérationnelle, l'application réelle survenant quand se présentent les conditions particulières requises. [...].

La portée logique de la relation sujet / prédicat découle de la description que nous avons donnée de ces termes.

Elle ne constitue pas un élément séparé et indépendant et elle n'affecte pas non plus le seul prédicat pour le rattacher à un sujet singulier donné indépendamment et extérieurement, que ce soit un objet, une qualité ou une donnée sensorielle. Elle exprime en fait l'acte de prédication. Mais elle exprime aussi l'acte ou l'opération de « sujétion » ; c'est-à-dire l'acte constituant le sujet du jugement. La copule désigne donc le complexe d'opérations par lequel (a) certaines existences sont sélectionnées parmi d'autres pour délimiter un problème et fournir les matériaux servant de preuves permettant d'aboutir à la certitude, et par lequel (b) certaines significations conceptuelles, idées, hypothèses sont utilisées comme prédicats pour caractériser le matériel de l'enquête. La copule est le nom de la correspondance fonctionnelle qui existe entre le sujet et le prédicat dans leur relation réciproque. Les opérations qu'elle exprime distinguent et relient en même temps ».

COMMENTAIRE

Logic : The Theory of Enquiry que Dewey publie
en 1938 est l'aboutissement d'une longue réflexion sur
les caractéristiques de la nouvelle science qui apparaît
avec Galilée. Pour Dewey, les modernes, qui pourtant
admiraient tant cette démarche scientifique, sont passés
à côté de sa caractéristique essentielle. Ils ont voulu la
fonder philosophiquement en cherchant un absolu, un
principe premier comme Descartes et son *cogito*, ou
encore un horizon qui lui donne sens, une fin de l'histoire
comme chez Condorcet, Comte, Hegel ou Marx. Ils n'ont
pas compris le caractère tout à fait révolutionnaire d'une
démarche qui ne requiert précisément aucune normativité
extérieure à elle-même et qui récuse tout absolu, qu'il soit
principe, résultat ou horizon. La dialectique de certitudes
et d'incertitudes, inhérente à la démarche scientifique,
discrédite en effet l'idée d'une raison immobile, comme
faculté des principes premiers, ainsi que celle d'une
vérité absolue. La science galiléenne fait de la raison
un *processus* et un processus *d'enquête*[1]. Reste à
formuler la nouvelle logique qu'appelle cette démarche,
ou si l'on veut, sa *méthodologie*. En effet ni la logique

---

1. J. Dewey, *Reconstruction en philosophie* (1920), trad. fr. P. Di
Mascio, Pau-Paris, Publications de l'université de Pau Farrago-Éditions
Leo Scherer, 2003.

aristotélicienne ni les tentatives contemporaines (le néo-kantisme de Lotze, le néo-hégélianisme de Bradley) ni même les perspectives nouvelles ouvertes par Frege ou Russel ne peuvent y parvenir.

UNE CHRONO-LOGIQUE

Dewey ne fait pas de la logique une discipline formelle, mais plutôt un art de bien penser à l'instar de la logique de Port-Royal ou de celle de Stuart Mill. Penser c'est faire des inférences, aller du connu à l'inconnu. Toute l'éducation intellectuelle a pour but de contrôler ces inférences[1], non pas en s'appuyant sur des principes formels censés constituer l'équipement immuable de la raison, mais en tirant les leçons des enquêtes réussies. La logique est donc une enquête sur l'enquête et se confond avec la méthodologie[2].

La logique aristotélicienne, comme les tentatives nouvelles échouent en effet à rendre compte du constructivisme du jugement. Leur élément commun est la proposition, laquelle est censée exprimer une relation intemporelle entre des éléments fixes, le sujet et le prédicat : « ceci est rouge », « les Athéniens sont des Grecs ». Or, le cas du procès judiciaire, comme paradigme de l'enquête, oblige à prendre en compte la temporalité du jugement. Dans la logique classique, la proposition exprime le jugement. Dans l'enquête elle ne fait que le préparer : c'est littéralement une pro-position, une idée soumise à la discussion. Ainsi, toute proposition a-t-elle un statut interrogatif. Ce qui constitue une

1. J. Dewey, *Comment nous pensons*, *op. cit.*, p. 78, 79.
2. J. Dewey, *Logique*, *op. cit.*, p. 73.

véritable provocation à l'égard des doctrines classiques ou modernes qui, à l'opposé, ne reconnaissent même pas un statut propositionnel à l'interrogation. Pour Dewey, la même expression, « Pierre est l'assassin », n'aura donc pas le même statut logique dans la bouche du procureur que dans celle du juge qui prononce la sentence. Dans l'acte d'accusation, au début du procès, elle n'est qu'une pro-position, à la fin, c'est un jugement.

La proposition n'est donc pas un atome logique, mais ne prend sens que dans la totalité de l'enquête. Au tribunal témoignages et constats ne peuvent receler une signification en eux-mêmes. Jules accuse son ami Pierre d'avoir assassiné Louis. Mais cette proposition change tout à fait de signification si l'on finit par apprendre que Jules a toujours été jaloux de Pierre. Le dire de chaque témoin ne peut donc être évalué qu'en fonction de l'ensemble des discours tenus et des degrés respectifs de crédibilité que la suite de l'enquête leur accordera. Cette thèse est tout à fait générale chez Dewey. Toute proposition doit s'insérer dans un contexte qui lui donne sa signification.

La logique de l'enquête doit donc être une chrono-logique qui puisse rendre compte d'un processus de pensée. Le carré logique d'Aristote systématisait des relations intemporelles entre propositions : la contra-diction, la contrariété, etc. Dewey le narrativise en traitant chaque proposition comme une étape dans un processus discursif[1]. Dans le procès, la question de savoir si Pierre est coupable ou innocent (les contraires) délimite l'espace problématique. La controverse met

---

1. En anticipant le geste des sémioticiens du récit. Voir A.-J. Greimas, *Sémantique structurale*, Paris, Larousse, 1996.

aux prises des positions *successives* contradictoires, celle du procureur et celle de l'avocat. Pour l'un Pierre est l'assassin pour l'autre il ne l'est pas. Chaque partie s'efforce, *à son tour*, d'étayer sa thèse et de fragiliser celle de l'adversaire.

Objet matériel et objet conceptuel

La controverse porte ici non sur les faits eux-mêmes (il y a mort d'homme), mais sur la signification à leur donner : s'agit-il d'une mort naturelle, d'un suicide, d'un crime ? Et s'il y a crime, qui est le coupable ? Est-ce bien Pierre le coupable... ? Comment l'enquête procède-t-elle ? Distinguons l'objet matériel de l'enquête (les indices, les témoignages, l'existence de mobiles, d'*alibi*...) de l'objet conceptuel (les lois, les procédures... mais aussi les idées du sens commun). Dewey appelle « induction » la récollection des matériaux de l'enquête aboutissant ici à la reconstitution du crime en un récit cohérent et vraisemblable. Parler de cohérence et de vraisemblance nous fait cependant quitter la sphère existentielle ou matérielle proprement dite et nécessite le recours à un ensemble de règles de bon sens définissant une sorte de logique de l'action. Le présumé coupable ne peut se trouver à deux endroits à la fois. S'il n'est pas fou, il doit avoir un mobile bien identifiable : vol, jalousie, vengeance... La suite de ses actions doit pouvoir s'interpréter selon un régime de causalité, les témoignages ne doivent pas se contredire, etc. La reconstitution du crime doit s'accorder également avec les connaissances du monde partagées par la communauté et éventuellement avec celles de la police scientifique concernant les empreintes, la balistique, etc.

Dewey prend bien soin de souligner l'interdépendance des objets, matériels et conceptuels de l'enquête. Le sens du matériel ne lui est pas immanent. Il lui est conféré par l'objet conceptuel qui en contrôle la valeur. C'est encore plus vrai s'agissant de la qualification juridique des actes qui les détermine comme délictueux ou criminels en fonction du droit positif. Inversement, une telle qualification suppose que ces faits soient suffisamment établis et que leurs conséquences soient rigoureusement attestées. Par exemple, le crime sera qualifié de meurtre ou d'assassinat selon qu'on apportera ou non la preuve d'une préméditation. Bref, la dynamique de l'enquête implique, comme nous l'avons souligné plus haut, la distinction des données (l'objet matériel) et des conditions (l'objet conceptuel) ainsi que leur articulation.

LE CONSTRUCTIVISME DU JUGEMENT

On définit habituellement le jugement par la liaison d'un sujet et d'un prédicat au moyen d'une copule comme dans les expressions « le fer *est* un métal », ou « ceci *est* sucré ». Dans les logiques classique, moderne ou contemporaine, qui ignorent la temporalité de l'enquête, sujet et prédicat se présentent tout faits au jugement qui n'a plus qu'à les relier. Dans la perspective d'une logique processuelle, sujet et prédicat ne sont pas donnés, mais s'élaborent conjointement dans et par l'enquête.

Le constructivisme de l'enquête apparaît clairement sur l'exemple du procès. Non seulement un jugement tel que « Pierre est l'assassin » s'y donne comme la phase conclusive de l'enquête, mais ses éléments eux-mêmes, le sujet (Pierre) et le prédicat (assassin) sont pensés comme les résultats d'une construction progressive. Si c'est Pierre qui occupe le banc des accusés, c'est qu'un faisceau d'indices matériels a conduit les policiers à s'intéresser à Pierre plutôt qu'à Jacques ou à Jean et que la poursuite de l'enquête apporte des éléments qui viennent conforter le matériel de départ. Pierre est la dernière personne à avoir vu la victime, il a un mobile, mais pas d'*alibi*; de plus on a retrouvé l'arme du crime et c'est bien la sienne. Il en est de même pour le prédicat. Traiter Pierre d'assassin marque l'aboutissement d'une série de qualifications. Pierre aura été considéré d'abord comme témoin, puis comme suspect et enfin coupable, coupable non seulement d'un meurtre, mais d'un assassinat. Chaque requalification du sujet résulte de l'application au matériel de l'enquête d'un ensemble de règles, de procédures, de critères juridiques. Mais, en attendant le jugement final, chaque qualification n'a qu'un caractère hypothétique, ou mieux, problématique et vise à orienter l'enquête dans une direction déterminée.

Sujet et prédicat sont donc les résultats d'un processus de construction, le premier, de l'objet matériel de l'enquête, le second de son objet conceptuel. On comprend dès lors que la copule, le « est » du jugement, ne désigne plus une relation statique entre deux termes. Il s'agit, pour Dewey, d'un « *vrai verbe* » qui résume l'ensemble des opérations de l'enquête[1].

On voit tout ce qui sépare la logique de l'enquête de la logique aristotélicienne. Cette dernière avait une prétention ontologique. L'ordre de la pensée était censé refléter celui du monde avec ses emboîtements de genres

---

1. J. Dewey, *Logique. La théorie de l'enquête, op. cit.*, p. 202.

et d'espèces, ses substances et ses accidents. Cette prétention n'est plus de mise dès lors que le darwinisme a ruiné l'idée d'espèces et de genres fixes. De fait, aujourd'hui, la science s'occupe prioritairement de ce qu'Aristote appelait « accidents ». Elle cherche à établir les lois et les causes de ce qui change : la chute des corps, les variations du climat, la dissipation de l'énergie... Désormais l'idée de substance ne désigne plus le support ontologique du sujet logique pas plus que l'essence ses propriétés intrinsèques. Selon le principe de Peirce, parler de substance chimique n'est qu'une manière d'anticiper les interactions possibles d'un corps avec d'autres corps bien déterminés[1]. Dire « ceci est du sucre » ou « ceci est de l'uranium », c'est s'attendre à certains effets de cette substance sur d'autres corps et à certains effets en retour de ces autres corps sur la substance en question. La définition d'un corps chimique s'avère donc purement relationnelle et l'identification de telle ou telle « substance » comme le sucre, le gaz carbonique ou l'uranium nécessite une enquête, c'est-à-dire une série de tests à base d'inter-actions caractéristiques. Bref, la science – conclut Dewey – effectue la transformation complète des objets immuables en corrélations de changements. La logique de l'enquête ne peut donc recevoir qu'une interprétation fonctionnelle. Comme le suggère le paradigme du procès judiciaire, sujet et prédicat ne désignent plus des propriétés ontologiques, mais plutôt un ensemble de corrélations dans un questionnement. La sentence « Pierre est l'assassin » ne nous dit rien des accidents de la substance Pierre. Elle ne désigne que la conclusion

---

1. Ch. S. Peirce, *Œuvres philosophiques*, vol. 1 *Pragmatisme et pragmaticisme*, trad. fr. C. Tiercelin et P. Thibaud, Paris, Le Cerf, 2001, p. 248.

d'une enquête qui a établi une corrélation fonctionnelle entre deux processus : l'identification progressive d'un sujet et ses requalifications successives, autrement dit la formation de son prédicat.

Pour autant, le jugement final n'a pas la prétention d'épuiser la vérité des évènements. La conclusion relève – dit Dewey – d'une « assertabilité garantie ». Ce qu'elle garantit n'est pas l'adéquation de l'esprit aux choses, selon la définition traditionnelle de la vérité, car personne ne peut prendre le point de vue de Dieu pour savoir ce qui se cache derrière le rideau. L'idée « d'assertabilité garantie » signifie seulement que les protagonistes du procès ont tout fait pour résoudre le problème qui leur était posé, qu'ils ont respecté les démarches d'investigation et les procédures canoniques pour « faire la vérité » et qu'ils arrivent à produire un récit cohérent et vraisemblable. Toutefois, cette conclusion ne saurait recevoir un caractère d'absolu. Elle est, par définition, révisable si d'autres éléments surviennent qui obligent à reposer le problème quelque peu différemment ou à envisager d'autres solutions.

UNE LOGIQUE FONCTIONNELLE

Réformer le jugement, c'est donc le replacer dans une théorie du questionnement. Sujet et prédicat ne renvoient finalement qu'à la distinction de ce *à propos de quoi ou de qui* on questionne (le sujet) et de *ce qui est proprement en question* (le prédicat). On pourrait objecter que le paradigme de l'enquête policière ne constitue qu'un cas spécifique du jugement, lequel illustre particulièrement bien la dynamique du processus de problématisation, mais reste toutefois une exception. Or, pour Dewey, un tel paradigme dévoile au contraire, par contrecoup, le caractère fondamentalement *interrogatif* du jugement que recouvre son ontologisation dans la métaphysique d'Aristote. Revenir au questionnement, c'est d'ailleurs retrouver la signification première des catégories, comme le remarque Meyer [1]. En effet, les catégories (la substance, la qualité, la relation, le lieu, le temps, etc.) correspondaient à l'origine aux différentes questions qu'on posait au tribunal pour faire progresser l'enquête : Où s'est passé le crime ? Qui l'a commis ? Quand ? Comment ? Que les catégories aient été interprétées, par la suite, en termes d'attribution ontologique, témoigne, pour Meyer, du refoulement du problème qui a affecté la pensée occidentale depuis Platon et la théorie de la réminiscence. De fait, les propositions logiques ne reflètent plus le questionnement d'où elles proviennent. Elles occultent leur caractère de réponse et se manifestent comme des entités indépendantes valant en soi. Dès lors, un jugement comme « La Terre tourne autour du Soleil », ne semble renvoyer à aucun problème. L'histoire des sciences nous montre cependant à quel point cette proposition a été difficile à établir. À l'époque de Galilée, ce jugement dévoilait bien son caractère problématologique. Par rapport à un questionnement que partageaient tous les savants de l'époque, il prenait généralement un statut d'hypothèse, mais, pour quelques-uns, Galilée par exemple, il constituait l'aboutissement d'une enquête. Aujourd'hui, le caractère purement assertif de cette proposition indique seulement que la question à laquelle elle répondait ne se pose plus, du moins pour un public cultivé. La rotation de la Terre autour du Soleil

1. M. Meyer, *Questionnement et Historicité*, *op. cit.*, p. 131-135.

est devenue un fait, un résultat indiscutable, qui n'a donc plus rien de problématique si ce n'est précisément qu'il peut être engagé dans d'autres problèmes, comme base de nouveaux questionnements. En revanche, le sens interrogatif de la proposition remonte à la surface lorsqu'on essaye de retrouver les raisons qui fondent ce jugement en relançant le questionnement : est-ce le Soleil qui tourne autour de la Terre et non l'inverse ? Et comment trancher l'alternative en exhibant des preuves ? Ce qu'évoque donc le paradigme du judiciaire, c'est le fond problématologique de toute proposition et de tout jugement. Il est en effet difficile d'affirmer que « Pierre est l'assassin de Paul » sans évoquer le procès au terme duquel Pierre a été condamné et les pro-positions contradictoires entre lesquelles ce jugement a tranché. Une telle problématicité s'avère beaucoup moins décelable dans des jugements tels que « ceci est du fer » ou « La Terre tourne autour du Soleil ».

Cette réinterprétation de la logique dans une théorie du questionnement a le mérite de la ramener sur Terre. D'où la critique que fait Dewey de *l'hypostatisation* des propositions. Qu'entendre par là ? Dans la logique classique – dit Dewey – on considère que les formes logiques constituent une réalité supérieure, un peu à la manière dont la vulgate platonicienne conçoit les idées. Dans ce cas, l'articulation des données sensibles et des idées s'effectue de manière trop lâche pour pouvoir animer et contrôler une recherche effective. Quand Descartes reprochait à la logique aristotélicienne de ne concerner que le savoir déjà là, il avait en tête une objection de ce genre. Les tentatives néo-kantiennes comme celle de Lotze ou néo-hégéliennes comme celle de Bradley aboutissent finalement au même résultat.

Déjà Kant témoigne d'un certain embarras quand il se demande quelle est la source des catégories. Il ne peut que renvoyer à un certain arbitraire : notre esprit est ainsi fait que nous ne pouvons penser autrement ![1] Il mesure bien toutefois le fossé qui existe entre l'intelligible et le sensible au point de concevoir toute une théorie du schématisme pour tenter de le combler. Pour Dewey, cette approche reste cependant trop statique pour rendre compte du processus de l'enquête. En outre, elle fait intervenir des catégories transcendantes à l'expérience au lieu de tabler sur sa normativité immanente. Si la connaissance est une forme sophistiquée d'adaptation vitale, comme le pense Dewey, si elle dérive de l'action, les formes logiques ne sauraient provenir ni d'un monde intelligible ni d'un sujet transcendantal, mais ne peuvent que se dégager progressivement des régulations d'une expérience, dotée de réflexivité et qui donc peut tirer les leçons de ses succès et de ses échecs.

En réalité, c'est le dualisme de la matière et de la forme, du sensible et de l'intelligible, qui doit être questionné. Les logiciens, qu'ils soient néo-kantiens comme Lotze ou néo-hégéliens comme Bradley, commencent par séparer les formes logiques du monde sensible. Ils forgent ainsi un monde de pures possibilités, lequel semble se suffire à lui-même. C'est pourquoi Dewey parle *d'hypostases.* C'est que pour lui, toute discussion sur quelque chose comme une pensée pure, en dehors de la référence à des situations concrètes, s'avère dépourvue de sens. Le dualisme du sensible et de l'intelligible n'a donc rien d'ontologique. Ce n'est qu'à l'occasion d'un

---

1. E. Kant, *Critique de la Raison pure, op. cit.*, « De la Déduction transcendantale des catégories », p. 104-107.

problème que se différencient la matière et la forme de la pensée, ses objets matériels et intellectuels ou encore les données et les conditions. La situation perturbée polarise faits et idées. Les faits correspondent à ce qui demeure provisoirement non questionné et sur lequel s'appuie le questionnement. Les idées désignent les significations qui guident la formation des inférences et ces inférences elles-mêmes. Ce qui compte n'est donc pas le dualisme du sensible et de l'intelligible, mais le statut fonctionnel que prennent les éléments du problème dans une enquête. Tout l'intérêt se porte dès lors sur le changement de statut de ces éléments dans les enchaînements problématiques. C'est pourquoi Dewey, dans son interprétation fonctionnelle de la logique, peut comprendre le contenu conceptuel et « rationnel » sous la modalité de l'hypothétique, ce qui correspond en fait à ce que nous avons appelé *le problématique*.

THÉORIE DES PROPOSITIONS

La logique d'Aristote classe les propositions selon leur qualité (affirmation ou négation) et selon leur quantité (universelles, particulières [1]). Elle les enchaîne dans des raisonnements dont la structure formelle est le syllogisme. Sans récuser la forme syllogistique, Dewey remarque qu'elle concerne plus la formalisation du déjà connu que la recherche. C'est précisément ce manque qu'entend combler une logique de l'enquête, ce qui exige de repenser le statut des propositions, des raisonnements et plus généralement de toutes les opérations logiques.

---

1. Les singulières tombent en dehors de la logique aristotélicienne, mais trouveront un statut dans celle de Dewey.

Ainsi, dans un contexte problématique, l'affirmation ou la négation ne visent plus l'existence ou l'inexistence d'un terme ou d'une relation. Elles opèrent plutôt la sélection des éléments de l'enquête en fonction de leur pertinence. De même l'induction et la déduction interviennent dans le processus de l'enquête, soit pour compléter le matériau par le biais des inférences, soit pour dérouler les conséquences de l'hypothèse en fonction des significations que lui accordent le sens commun, le savoir scientifique ou professionnel.

Restons dans le paradigme du procès judiciaire. Le recueil des indices de l'enquête, des données du problème, s'effectue à l'aide de propositions *particulières* qui qualifient des états de choses et des évènements tels que « la victime est morte entre 23 heures et minuit », « l'arme du crime est un couteau »... Au terme de l'enquête, la sentence s'exprimera dans une proposition *singulière* qui affectera existentiellement un individu en l'incluant dans un genre. Ainsi de l'expression « Pierre est un assassin ». Mais pour arriver à ce jugement, il a bien fallu que les hypothèses concernant la qualification de Pierre aient été guidées par des systèmes de significations et qu'elles aient été validées par l'objet matériel de l'enquête (les faits dont s'occupent les particulières). Ce guidage des hypothèses implique l'existence de réseaux de significations qui s'expriment par des propositions *universelles conditionnelles* de type « si p alors q ». Par exemple, « *Si* Pierre a tué avec préméditation, *alors* c'est un assassin »[1]. Ou encore, « *Si* Pierre a un *alibi alors* il

_____

1. Dewey distingue les propositions *universelles* des propositions *générales* qui concernent le résultat des opérations sur des classes déterminées : « tous les Athéniens sont des Grecs », ou encore, « tous les parricides sont des criminels ».

n'est (probablement pas) l'assassin ». Quelle que soit la différence de statut de ces propositions dont l'une renvoie à une déduction de type juridique et l'autre à une simple probabilité, leur fonction consiste bien à fonder les hypothèses en raison. Les propositions universelles indiquent en effet *les tests* (d'ordre juridique, physique, psychologique…) à accomplir pour prouver que Pierre est bien un assassin. Elles constituent donc les conditions de possibilité de la solution. Dewey distingue les simples *suggestions* qui naissent de l'imagination de l'enquêteur et les *idées* ou inférences fondées en raison. C'est le rôle des propositions universelles de transformer les suggestions en idées. Ce sont elles qui constituent *le rationnel* de l'enquête, laquelle dès lors ne saurait se satisfaire du seul critère d'efficacité. Au procès, le simple aveu de culpabilité, en l'absence d'une reconstitution cohérente du crime, reste suspect. Dans un autre domaine, le fait qu'on ait montré que la quinine guérit la malaria ne clôt pas l'enquête. Encore faut-il connaître comment et pourquoi ce remède agit.

Il ne faut donc pas se laisser abuser par certaines maladresses de James ramenant la vérité au succès ou encore à un critère subjectif de convenance ou de satisfaction. Le pragmatisme ne se réduit pas à un utilitarisme grossier. La position de Dewey ne peut cependant se comprendre que si l'on fait de la vérité le résultat d'une production au lieu de la réduire à un accord entre l'esprit et les choses. Trouver la vérité, c'est un peu chercher la clé qui ouvre la serrure. Ce n'est, en aucun cas effectuer une copie du réel. L'enquête dit Dewey, *fait la vérité*, car la vérité résulte d'une production intellectuelle. C'est le résultat d'une enquête bien menée. Ne dit-on pas de tel ou tel procès qu'il a « fait la vérité » ou encore « fait la lumière » sur des évènements confus et embrouillés ?

Dewey propose donc une reconstruction extrêmement audacieuse de la logique, conçue non plus comme une discipline formelle, mais bien comme une enquête sur l'enquête dans laquelle le contrôle des opérations résulte, lui-même, des leçons de l'expérience. Ce sont en effet les enquêtes réussies qui fournissent des règles pour les enquêtes à venir. Ce qu'édifie Dewey, c'est bien une logique de l'enquête et les avancées qu'il propose engagent toute théorie future de la problématisation. On comprend également la portée critique de l'entreprise, laquelle consiste à déconstruire systématiquement les « hypostases » que les doctrines philosophiques, aussi bien d'ailleurs rationalistes qu'empiristes, se sont ingéniées à ériger.

Tout l'intérêt, mais aussi toute la difficulté de la pensée de Dewey et le fait qu'elle ait été si souvent mal comprise, tient à ce fonctionnalisme. Dans la conclusion de sa *Logique*, Dewey peut écrire que les différentes épistémologies ont été élaborées « parce que la connaissance et l'obtention de la connaissance n'ont pas été conçues en fonction des opérations par lesquelles, dans le continuum de l'enquête, les croyances stables sont obtenues et utilisées progressivement »[1].

---

1. J. Dewey, *Logique*, *op. cit.*, p. 639.

TABLE DES MATIÈRES

TEXTES ET COMMENTAIRES

Imprimé en France par CPI
en janvier 2017

Dépôt légal : janvier 2017
N° d'impression : 139407

DANS LA MÊME COLLECTION